EU TE ESCREVO
DE AUSCHWITZ

KAREN TAIEB
EU TE ESCREVO DE AUSCHWITZ

AS CARTAS INÉDITAS DOS PRISIONEIROS
DO CAMPO DE CONCENTRAÇÃO

Tradução
Caroline Silva

Copyright © Karen Taieb, 2011
© Éditions Tallandier, 2021
Esta edição é uma publicação em acordo com Éditions Tallandier em conjunto com seus agentes devidamente nomeados Books And More Agency #BAM, Paris, França, e Villas-Boas & Moss Agência e Consultoria Literária, Rio de Janeiro, Brasil. Todos os direitos reservados.
Copyright © Editora Planeta do Brasil, 2022
Copyright da tradução © Caroline Silva
Todos os direitos reservados.
Título original: *Je vous écris d'Auschwitz: Lettres retrouvées et présentées par Karen Taieb*

PREPARAÇÃO: Andréia Manfrin Alves
REVISÃO: Aline Araújo e Fernanda Guerriero Antunes
DIAGRAMAÇÃO: Anna Yue e Francisco Lavorini
CAPA: Rafael Brum
IMAGEM DE CAPA: Susan Fox / Trevillion Images

DADOS INTERNACIONAIS DE CATALOGAÇÃO NA PUBLICAÇÃO (CIP)
ANGÉLICA ILACQUA CRB-8/7057

Taieb, Karen
    Eu te escrevo de Auschwitz: as cartas inéditas dos prisioneiros do campo de concentração / Karen Taieb; tradução de Caroline Silva; prefácio de Ivan Jablonka. -- São Paulo: Planeta do Brasil, 2022.
    224 p.

ISBN 978-65-5535-703-5
Título original: Je vous écris d'Auschwitz: Lettres retrouvées et présentées par Karen Taieb

1. Holocausto judeu (1939-1945) 2. Guerra Mundial, 1939-1945 3. Auschwitz (Campo de concentração) I. Título II. Silva, Caroline II. Jablonka, Ivan

22-1390   CDD 940.5318

Índice para catálogo sistemático:
1. Holocausto judeu (1939-1945)

 Ao escolher este livro, você está apoiando o manejo responsável das florestas do mundo.

2022
Todos os direitos desta edição reservados à
EDITORA PLANETA DO BRASIL LTDA.
Rua Bela Cintra 986, 4º andar – Consolação
São Paulo – SP CEP 01415-002
www.planetadelivros.com.br
faleconosco@editoraplaneta.com.br

PREFÁCIO

Em novembro de 1943, a esposa de Isaak Golsztajn recebeu uma carta de seu marido, preso e deportado alguns meses antes: "Escrevo do campo de trabalho de Birkenau, onde estou agora. Minha saúde está em bom estado, estou trabalhando e aguardo notícias suas". As palavras são triviais e as informações insignificantes, mas a existência dessa carta por si só é inacreditável. Sim, havia uma troca de correspondências entre os deportados de Auschwitz e suas famílias. Tal procedimento autorizava até mesmo as respostas.

Em 2018, no Serviço Histórico da Defesa (*Service Historique de la Défense* – SHD), foi revelado um acervo de arquivos que documenta a *Brief-Aktion* (literalmente, "Operação Cartas"). Esse acervo comprova que, entre setembro de 1942 e julho de 1944, cerca de cinco mil cartas de deportados foram expedidas para a França. O acervo, hoje conservado em Caen, na Divisão dos Arquivos das Vítimas dos Conflitos Contemporâneos (*Division des Archives des Victimes des Conflits Contemporains* – DAVCC), pode ser consultado no Memorial da Shoá* em formato digital.

Conforme explica Karen Taieb, que foi a primeira a estudar esse acervo, a *Brief-Aktion* é pouco conhecida. Não se sabe quem concebeu e conduziu a operação; sabe-se apenas que ela também foi organizada por judeus deportados da Alemanha, da Bélgica, dos Países Baixos e da Tchecoslováquia.

---

* Museu do Holocausto, localizado em Paris. (N. T.)

Na França, as cartas eram enviadas à União Geral dos Israelitas da França (*Union Générale des Israélites de France* – UGIF), que era encarregada de encaminhá-las aos destinatários. No ano de 1943, aproximadamente 1.500 cartas foram registradas (435 em março, 708 em outubro e 289 em novembro). Apesar de alguns deportados terem escrito até seis cartas, a maioria não escreveu mais que uma. André Balbin, que redigiu em 1989 a obra *De Lodz à Auschwitz. En passant par la Lorraine* [De Lodz a Auschwitz. Passando pela Lorena], escreveu duas cartas no âmbito da *Brief-Aktion*.

Mas o que são essas cartas, exatamente? É preciso, em primeiro lugar, deixar claro que, naquele local de destruição que era Auschwitz, correspondências desse tipo não tinham nada de normal. Nem mesmo o termo "correspondência" era cabível. Muito provavelmente, os deportados escreviam sob coerção dos nazistas, a fim de tranquilizar as pessoas próximas e esconder o horror do campo, ao mesmo tempo que revelavam aos algozes o endereço dos judeus ainda não descobertos (Isaak Golsztajn teve a presença de espírito de não escrever diretamente para sua esposa, mas sim para amigos não judeus que a avisavam). Além disso, o conteúdo das cartas, obrigatoriamente redigidas em alemão, não podia trazer nenhuma informação pessoal. Na verdade, elas eram carregadas de expressões vagas, como "Estou bem", "Está tudo bem comigo", "Estou com saúde" etc.

A *Brief-Aktion*, portanto, não passava de uma ação de propaganda que elucida ainda mais a perversidade da máquina de morte nazista. Os deportados escreviam que estavam bem no exato momento em que eram encurralados. Suas "boas notícias" anunciavam que logo não haveria mais notícia alguma. A ilusória proximidade com a família sancionava a separação definitiva. A prova de vida escondia o segredo da morte próxima.

As cartas lançavam uma breve luz sobre essas vidas, e então se fazia escuridão. A fim de evitar o processo de apagamento, Karen Taieb empenhou-se em devolver a identidade a alguns dos deportados para Auschwitz: Lucien Bloch, solteiro, 36 anos, nascido em Haguenau, que ficou muito próximo de seus pais evacuados da Alsácia para a Dordonha; Berthe Falk, de Galatz, na Romênia, química, enviada para um *kommando* disciplinar por ter escrito um texto no qual evocava a derrota da Alemanha.

Apesar de esses fragmentos de existência serem apenas um pequeno consolo, esse trabalho de história e de memória é necessário. Graças aos documentos que ele traz à tona, é possível abordar aspectos ainda desconhecidos da Shoá, sem esquecer dos destinos que ali foram destruídos.

*

Há alguns anos, recebi de Karen Taieb uma mensagem que dizia: "Tenho algo que pode lhe interessar". Uma semana depois, quando a encontrei em seu escritório no Memorial da Shoá, ela me mostrou vários documentos relativos à *Brief-Aktion*. Não é preciso dizer que fiquei profundamente tocado, como em todas as vezes que entro em contato com os arquivos do desaparecimento. Em relação à pesquisa sobre meus avós, que conduzi dez anos atrás, o trabalho de Karen Taieb permitiu-me retificar um erro e corrigir um esquecimento.

O erro se refere a um dos mais desconcertantes depoimentos escritos em Auschwitz (evidentemente, fora do âmbito da *Brief-Aktion*): a carta de um membro do *Sonderkommando*, datada de 6 de novembro de 1944 e enterrada nas proximidades do Crematório II de Birkenau, onde foi encontrada após a libertação do campo. O homem, um judeu polonês que assina como "Hermann", deportado de Drancy pelo trem nº 49, relata seu trabalho escravo nas câmaras de gás antes de dirigir um "supremo adeus" à sua mulher e à sua filha no dia seguinte à revolta do *Sonderkommando*.

Em *Histoire des grands-parents que je n'ai pas eus* [História dos avós que não tive], atribuo a carta a Chaïm Herman, seguindo a análise de Ber Mark em seu livro *Des voix dans la nuit. La résistance juive à Auschwitz* [Vozes na noite. A resistência judaica em Auschwitz] (1977). Ignorei o estranho fato de um condenado à morte ter assinado a carta de adeus com seu sobrenome. Graças à minuciosa pesquisa conduzida por Karen Taieb, agora sabemos que o autor dessa carta não foi Chaïm Herman, mas sim Hersz Strasfogel, igualmente deportado no trem nº 49, que se fazia chamar por "Hermann". Chaïm Herman e Hersz-Hermann Strasfogel também compartilham o mesmo infeliz itinerário: exílio na Polônia, clandestinidade em Paris, breves trabalhos miseráveis e, então, a guerra e a prisão.

Karen Taieb também me revelou a existência de um arquivo que eu desconhecia quando escrevi meu livro. Esse arquivo – uma modesta ficha em papel-cartão feita pela UGIF – prova que Mates Jablonka, meu avô, deportado com minha avó no mesmo trem nº 49, também escreveu de Birkenau no âmbito da *Brief-Aktion*. Sua carta, que não chegou a ser encontrada, foi enviada em outubro de 1943 para Constant Couanault, a quem ele confiara os filhos (meu pai e minha tia) e que se tornara o tutor deles após a guerra. A resposta de Constant Couanault foi encaminhada para Auschwitz em dezembro do mesmo ano. Não se sabe o que pode ter escrito meu avô, a quem não restava, sem dúvida, mais que alguns meses de vida. Talvez, assim como os outros: "Estou bem".

Este prefácio me dá a oportunidade de agradecer a Karen Taieb pela atenção que dedicou à minha história, assim como por suas descobertas e pelo livro que com elas construiu.

Ivan Jablonka

INTRODUÇÃO

Mais de setenta anos após a libertação dos campos da morte, os mistérios da Shoá – isto é, o extermínio dos judeus da Europa pelos nazistas – ainda não se esgotaram.

Para um historiador, as correspondências são um objeto curioso que representa a mais simples expressão do cotidiano, mas também um elo precioso, o último, por mais tênue que seja, que nos liga a um ente querido. Essas linhas, escritas em papel de má qualidade, lidas e relidas dezenas, centenas de vezes, permitiam manter a esperança, sobretudo quando vinham de lugares onde não se podia imaginar que era possível escrever, escritas por pessoas que teoricamente estavam excluídas de qualquer contato com o exterior. Mas, assim como ocorreu com as cartas escritas na ocasião da Rusga do Velódromo de Inverno,* houve exceções.

A revelação pelo Serviço Histórico da Defesa (*Service Historique de la Défense* – SHD), em 2018, de um acervo em Vincennes possibilitou a descoberta – por mais surpreendente que possa parecer – de que, entre setembro de 1942 e julho de 1944, cerca de cinco mil cartas foram escritas por judeus deportados da França e condenados ao extermínio nos campos

---

* Velódromo parisiense onde, em julho de 1942, sob o comando das autoridades nazistas, aproximadamente 13 mil judeus foram mantidos presos por quatro dias e posteriormente deportados para os campos de extermínio. (N. T.)

da morte dos quais nada se sabia e dos quais eles não deveriam retornar. Evidentemente, sua existência já era conhecida, mas não sua importância.

Fato ainda mais extraordinário é que as cartas foram enviadas oficialmente pelos detentos, a mando dos nazistas, no âmbito de uma ampla operação de propaganda conhecida pelo nome *Brief-Aktion*.* Esta consistia em obrigar os deportados a escrever cartas endereçadas à família ou aos amigos para tranquilizá-los quanto à sua situação. O conteúdo, curto, obrigatoriamente escrito em alemão, não poderia dar nenhuma informação pessoal. A fórmula consagrada resumia-se, geralmente, a algumas palavras: "Estou em um campo de trabalho e estou bem", com uma ou outra variação. Raros são os sobreviventes que notaram essa incongruência, salvo a notável exceção de Simon Laks,** que retomou o episódio em detalhes em suas Memórias:

> Por volta do final de 1943 – eu estava no campo havia mais de um ano e meio –, as autoridades, pela primeira vez, deram aos prisioneiros judeus a permissão de enviar um cartão-postal às suas famílias (os não judeus tinham o direito de se corresponder regularmente com suas famílias e de receber pacotes de produtos alimentícios). Cada um de nós recebeu um postal para enviar. Fizeram-nos entender que não se tratava exatamente de uma "permissão", mas de uma ordem oficial cuja execução seria escrupulosamente controlada e a recusa à obediência, severamente punida. E sabíamos muito bem o que "ser punido" significava no campo. Os postais deveriam ser preenchidos e devolvidos no dia seguinte, antes da convocação matinal. Houve

---

* Que pode ser traduzido por "Operação Cartas".

** Nascido na Polônia em 1901, compositor e intérprete desde 1926, Simon Laks foi preso em 14 de maio de 1941 em Paris como judeu estrangeiro. Transferido para Beaune-la-Rolande, onde foi designado para a fazenda de Rosoir, em Sologne, permaneceu ali até julho. Em 13 de julho de 1942, foi levado para Pithiviers e deportado cinco dias depois pelo trem nº 6 para Auschwitz-Birkenau, onde recebeu o número de identificação 49.543. Foi transferido, em seguida, para os campos de Oranienburg, de Sachsenhausen e de Kaufering (*kommando* de Dachau), antes de ser libertado e de retornar para a França pela cidade de Sarreguemines, em 24 de maio de 1945.

INTRODUÇÃO

agitadas discussões em pequenos grupos para decidirmos o que faríamos. Escrever para nossas famílias significava revelar o local onde moravam ou, pior, onde se escondiam. Não restava nenhuma dúvida de que o objetivo desse aparente "favor" da parte das autoridades era encontrá-las. Também não podíamos optar por simplesmente não escrever: seria morte certa. A maioria dos detentos decidiu, então, endereçar suas cartas a pessoas imaginárias em locais escolhidos ao acaso. Outros executaram obedientemente a ordem recebida, presumindo que se tratava de um truque estratégico da parte dos alemães para mostrar ao mundo que os deportados judeus estavam bem e que trabalhavam normalmente. [...] Entrei em um estado de grande desespero. Quando fui deportado da França, meus irmãos estavam em uma zona livre, agora totalmente ocupada pelo exército alemão, mas eu não sabia se de lá para cá eles tinham mudado de endereço ou se tinham partido para outro país. Ainda assim, eu não podia deixar escapar essa oportunidade, totalmente incerta, mas única, de tentar informar minha família de que eu estava vivo e em condições que não eram as piores. Após ter pesado cuidadosamente os prós e os contras, decidi escrever para amigos poloneses (arianos) que viviam em Paris: "Estou em boa forma, em bom estado de saúde e exercendo minha profissão". Aliás, naquela época, essa era a verdade. Sendo compositor e violinista profissional, eu queria fazê-los entender que não estava tão mal e que tinha um trabalho pouco penoso. Eu esperava que meus amigos conseguissem, de uma forma ou de outra, transmitir essas "boas notícias" à minha família. Quando voltei para Paris, após a libertação, soube que minha carta chegara aos destinatários em um prazo relativamente curto e que eles tinham comunicado seu conteúdo à minha família, mas ninguém acreditara que eu estava "exercendo minha profissão". Todos ficaram convencidos de que eu tinha escrito aquilo apenas para tranquilizá-los a respeito de minha situação.[1]

Nos arquivos, de fato encontra-se o registro do envio da carta de Simon Laks.[2] Suas datas de prisão e de deportação estão corretamente informadas.

11

A carta está endereçada a Anne Radlinska, rua Boulard, nº 38 bis, no 14º distrito de Paris. Ela chegou em 9 de março de 1943, trazendo o número 417. Uma segunda carta chegou em 12 de outubro de 1943 (nº 1.124), uma terceira em 29 de novembro de 1943 (nº 3.042) e finalmente uma quarta em 27 de março de 1944 (nº 3.637). Surpreendentemente, Simon Laks não evoca em seu depoimento as outras cartas que escreveu, assim como não menciona as dezesseis respostas que lhe foram enviadas.

*

De forma geral, a *Brief-Aktion* é pouco conhecida e pouco documentada. Não se sabe de quem partiu a ideia, qual serviço organizou os aspectos práticos, nem sua dimensão geográfica exata. Essas correspondências não foram particularmente estudadas pelos historiadores especialistas na Shoá. No capítulo dedicado a Antonina Pechtner em meu livro *Je vous écris du Vel' d'Hiv* [Cartas do Velódromo de Inverno], no qual foi reproduzida a carta escrita por Antonina, eu havia entendido que ela pudera "se organizar" para dar notícias à família. Mas não foi o que aconteceu; hoje sei que essa carta foi enviada no âmbito da *Brief-Aktion*.

Também são inúmeras as conjecturas sobre quais seriam os objetivos esperados dessa operação. Ela era destinada a tranquilizar os países da Europa Ocidental e a manter a calma nos campos de trânsito, como o Drancy, fomentando rumores tranquilizadores a respeito do destino final dos deportados? É plausível. Tratava-se, então, de uma verdadeira ação de propaganda para mostrar ao mundo que os judeus deportados para o Leste não eram maltratados? Ou era, como pensavam os prisioneiros, um meio sorrateiro de descobrir os esconderijos dos judeus que teriam escapado das rusgas? Ainda não sabemos. Nossos conhecimentos fundamentam-se essencialmente no estudo das correspondências.

Uma questão que se colocou foi entender se esse "privilégio" era generalizado ou reservado a uma porção de "eleitos" com base em critérios desconhecidos. Infelizmente, no que diz respeito a esse assunto, as famílias que escreveram aos seus próximos quase não nos deram informações adicionais. Simon Laks, citado anteriormente, era membro da orquestra, o que fez seu filho chegar à hipótese de que ele pôde escrever graças a essa posição "privilegiada".

O estudo do perfil dos outros autores de cartas evidencia as falhas dessa teoria. Segundo os elementos dos quais dispomos, parece tratar-se mais de um acaso do calendário. As cartas foram distribuídas em datas determinadas, sem que saibamos hoje se isso representava uma organização planejada ou uma decisão arbitrária. Bastava que um deportado estivesse presente naquele determinado dia para que fizesse parte dos "eleitos". Na escassa literatura dedicada ao assunto, pode-se ler que os autores dessas cartas não tinham número de identificação porque não chegavam a entrar no campo, sendo diretamente exterminados – afirmação essa que também tem se revelado incorreta. Algumas pessoas ficaram conhecidas por terem entrado no campo e, portanto, sido identificadas.

Embora não se saiba quais eram as reais intenções dessa operação, é evidente que os nazistas instauraram uma vasta camuflagem. Como o número de identificação nunca aparece nas cartas e as datas raramente figuram nelas, é preciso concentrar-se nos endereços. Para começar, a denominação "*Arbeitslager Birkenau*" não existia. Até 1943, Birkenau tinha o status de *Kriegsgefangenenlager* (KGL, campo de prisioneiros de guerra). Depois, ele se tornou um *Konzentrationlager* (KL, campo de concentração), mas nunca foi denominado como um *Arbeitslager* (campo de trabalho). Trata-se, portanto, de um instrumento de manipulação.

Há outro ponto que chama a atenção. A maioria das cartas foi escrita por deportados presos nos campos de Auschwitz-Birkenau e em seus *kommandos*. Entretanto, os endereços remetentes indicados raramente mencionam sua ligação com o campo de Auschwitz. Eles são sempre apresentados como campos de trabalho forçado independentes, em nada deixando transparecer a complexa estrutura de Auschwitz.

No total, foram quase 76 mil judeus deportados da França na instauração da Solução Final. Sabe-se que, desse número, cerca de 25 mil homens e mulheres passaram pela "seleção" na chegada do trem. O estudo do arquivo da União Geral dos Israelitas da França (*Union Générale des Israélites de France* – UGIF) permitiu identificar 2.889 autores, o que representa um pouco menos de 12% do número de deportados escolhidos para o trabalho. Essa constatação permite concluir que havia uma vontade perene de esconder a realidade do que se passava nos campos. As mulheres eram sub-representadas: apenas 327, que escreveram dos campos de Birkenau, de Theresienstadt, de Bergen-Belsen e de Lublin, puderam ser identificadas graças ao sobrenome. Inúmeras cartas vinham dos *kommandos* do campo de Auschwitz, nos quais não havia nenhuma mulher.

*

O motor essencial da *Brief-Aktion* na França foi a UGIF. Criada sob incitação dos nazistas pela lei francesa de 29 de novembro de 1941, ela tinha como objetivo representar a comunidade judaica residente na França; todas as obras sociais israelitas precedentes foram dissolvidas e integradas à UGIF. Seu papel se limitava a tarefas de assistência e seus administradores eram nomeados pela Delegacia Geral de Assuntos Judeus (*Commissariat Général aux Questions Juives* – CGQJ). A sede da UGIF na zona norte localizava-se na rua de la Bienfaisance, em Paris, e a da zona "livre" ficava em Marseille, e depois em Lyon. Por trás da fachada oficial, um braço clandestino foi criado com ações de resgate, mas, com o tempo, as atividades da organização tornaram-se cada vez mais difíceis devido às prisões de seus funcionários e dirigentes. Já quase inexistente no momento do desembarque dos aliados em junho de 1944, a UGIF foi oficialmente extinta em 12 de setembro.

Graças ao SHD, que realizou a reconstituição de um dossiê estabelecido pela UGIF, cujos elementos haviam sido distribuídos em arquivos individuais das vítimas da deportação, esses documentos revelaram-se uma fonte determinante para compreender o caminho traçado por essas correspondências oriundas dos campos e destinadas à França no âmbito da *Brief-Aktion*.[3]

Os documentos são apresentados na forma de cartões-postais em formato padrão, apesar de as primeiras cartas terem sido escritas em pedaços de papéis de tamanhos e formatos diversos. Nas cartas há espaços definidos na parte da frente para escrever o nome e o endereço do remetente e do destinatário. Entre as orientações dadas aos deportados, destaca-se a obrigatoriedade de escrever em alemão e de não dar detalhes de suas condições. As correspondências raramente são datadas; algumas vezes, trazem um carimbo na parte da frente; em todas elas há um número inscrito a lápis vermelho no canto superior direito, número este que, até pouco tempo atrás, não se sabia nem quando nem por quem fora escrito. Por fim, o texto "*Rückwort nür über die Reichvereiningung der Juden in Deutschland, Berlin Charlottenburg 2, Kanstrs. 158*",* que traz instruções para a resposta, aparece algumas vezes. Majoritariamente, as cartas são enviadas do campo de Birkenau, e algumas têm o carimbo de Berlim.

Todas as correspondências eram enviadas para a UGIF, que se encarregava de centralizá-las e organizá-las antes de encaminhá-las ao destinatário. A gestão desse volume de cartas cabia ao serviço nº 36, o "serviço de correspondência e busca de famílias", que se estabeleceu na rua Jean-Baptiste Pigalle, nº 4, no 9º distrito, antes de se fixar na rua de Téhéran, no 8º distrito. Assim que chegavam, as correspondências eram registradas, dando origem a um dossiê – o mesmo dossiê que foi reconstituído. Para cada carta era atribuído um número correspondente a um número de ordem, e depois destacados o nome e a localização no campo do remetente, e às vezes seu "endereço" dentro do campo de trabalho; além disso, o nome e o endereço do destinatário também eram ressaltados. Finalmente, a carta era enviada, acompanhada de outra, padrão, que indicava o procedimento a ser seguido para respondê-la. Acontecia, às vezes, de a correspondência não poder ser entregue ao destinatário, seja porque ele não estava mais no endereço indicado, seja porque o endereço estava ilegível. Nesse caso, a UGIF se servia de seu órgão de imprensa, o boletim *Informations juives*[4] [Informações judaicas], para comunicar os nomes dos remetentes e destinatários. A primeira lista foi publicada no boletim nº 52, no dia 15 de janeiro de 1943, apresentada da seguinte forma:

> AVISO IMPORTANTE. Temos em nossas mãos correspondências dos israelitas abaixo listados, que se encontram atualmente em um campo de trabalho em Birkenau (Alta Silésia). Não conseguimos encontrar

---

* "Responder unicamente *via* Associação dos Judeus na Alemanha."

suas famílias. As cartas podem ser retiradas mediante apresentação de documento, em nosso escritório número 36, na rua de Téhéran, nº 19, 8º distrito, Paris, todos os dias das 10h às 12h e das 14h às 17h, exceto no sábado durante o dia inteiro e no domingo após o meio-dia.

Essa primeira lista é curta e inclui apenas dezesseis nomes de pessoas que foram deportadas da França pelos trens de 27 de março de 1942 (o primeiro) a 28 de setembro de 1942 (nº 38). A mesma lista foi regularmente publicada até o número de 19 de fevereiro. Após algumas semanas de interrupção, as publicações retomaram o ritmo semanal a partir do nº 62 (de 26 de março de 1943). No nº 66, a lista, que então incluía 87 nomes, foi inclusive publicada na primeira página. Depois disso, não houve nenhuma publicação até o boletim nº 92, de 29 de outubro de 1943, quando as listas passaram a ser numeradas e a trazer o número de registro atribuído à carta. As listas de 1 a 5 foram publicadas nos números 92 a 96, de 29 de outubro a 19 de novembro de 1943; a lista 6, em 17 de dezembro; e a 8, em 4 de fevereiro de 1944. Após essa data, não houve mais nenhuma publicação. Apenas uma menção a respeito das cartas foi feita no nº 116, de 21 de abril de 1944, falando sobre as condições aplicadas às respostas.

As pessoas envolvidas eram convidadas a se apresentarem no escritório da UGIF munidas de documento para que a correspondência lhes fosse entregue. E quando a UGIF não conseguia entregar a carta devido à ilegibilidade do endereço, o responsável pelo serviço, Kurt Schendel, escrevia ele próprio ao deportado uma carta datilografada na qual explicava que sua carta não pudera ser entregue, convidando-o a fornecer outro endereço.

As pesquisas sobre a gestão da operação nos campos de deportação ainda não foram concluídas. As raras publicações que abordam essas correspondências são pouco precisas a respeito de seus aspectos práticos. Sabemos apenas que elas foram escritas nos campos de Birkenau, Auschwitz e de seus *kommandos*, como Jawischowitz, Jaworzno, Gleiwitz e Monowitz, mas também de Bergen-Belsen, de Theresienstadt e até mesmo de Lublin-Majdanek.*

---

* Veja o quadro anexo da página 213.

INTRODUÇÃO

As cartas chegavam ao escritório da rua Jean-Baptiste Pigalle em pacotes. A análise do documento que indica a data de recebimento nos permite identificar alguns grandes envios: 435 cartas foram registradas em 8 de março de 1943, 291 em 12 de outubro, 417 em 25 de outubro, 289 em 29 de novembro e 450 em 27 de março de 1944. No total, cerca de cinco mil correspondências passaram pelos escritórios da UGIF entre os meses de setembro de 1942 e julho de 1944 – isto é, por algumas semanas de diferença, praticamente até o fim da ocupação na França. A data de recebimento de uma carta não está ligada à data de deportação de seu autor. Dessa forma, as correspondências que chegaram a Paris em 4 de janeiro de 1943 foram escritas por deportados nos trens de março, junho, julho, agosto e setembro de 1942. Como a data raramente figurava nas cartas, o recebimento de uma correspondência não era uma prova de vida de seu autor.

Além da publicação no boletim, a informação circulava entre os judeus presos e confinados. O estudo do dossiê conservado na Divisão dos Arquivos das Vítimas dos Conflitos Contemporâneos (*Division des Archives des Victimes des Conflits Contemporains* – DAVCC) revela que as primeiras cartas recebidas foram registradas em 24 de setembro de 1942, mas os rumores já se espalhavam entre os prisioneiros. Em 23 de setembro de 1942, na carta que jogou do trem de deportação, Benjamin Schatzman* mencionou a chegada de mil cartas à UGIF.[5] George Joffé também citou as correspondências em sua carta de 28 de janeiro de 1943: "Recebemos a lista das cartas que eles receberam na UGIF".

Georges Wellers** também testemunhou:

---

* Benjamin Schatzman nasceu em 5 de janeiro de 1877 em Toulcha (Romênia). Dentista em Paris, foi preso em 12 de dezembro de 1941. Levado sucessivamente para os campos de Compiègne-Royallieu, Drancy, Pithiviers e Beaune-la-Rolande, por fim foi deportado do campo de Drancy pelo trem nº 36, em 23 de setembro de 1942.

** Georges Wellers nasceu em 24 de janeiro em Koslov, na Rússia. Foi preso em 12 de dezembro de 1941, levado sucessivamente para os campos de Compiègne-Royallieu e Drancy, para finalmente ser deportado, três anos mais tarde, por um dos últimos trens, em 30 de junho de 1944. Ele retornou da deportação.

No início de janeiro de 1943, soubemos que a UGIF recebera uma centena de cartas enviadas para as famílias por alguns deportados que partiram de Drancy entre 22 de junho e 20 de setembro de 1942. No dia 15 de janeiro, três dessas cartas chegaram ao campo, já que os destinatários estavam lá. Essas três cartas vinham do *Arbeitslager* de Birkenau, na Alta Silésia (tal era o verdadeiro nome de Pitchipoï) [...]. Era tudo mentira nessa história das cartas: nenhum judeu estava bem em Birkenau e ninguém poderia ter qualquer objeto pessoal. [...] Mas, em Drancy, todas essas cartas causaram uma impressão muito boa.[6]

A informação também circulou entre outros projetos de assistência, como o da "rua Amelot". Na verdade, em meio aos arquivos dessa associação, que se ocupava principalmente da gestão de refeitórios para os judeus menos favorecidos, encontramos listas de remetentes de cartas classificadas para destinatários em Paris e no interior da França.

*

Embora seja surpreendente descobrir que cartas puderam ser enviadas dos campos de concentração e dos centros de extermínio, surpreende ainda mais saber que foi criado um procedimento para autorizar o envio de respostas. Assim como as cartas recebidas, elas deveriam ser redigidas unicamente em alemão e enviadas à UGIF. As cartas de respostas eram igualmente controladas pelo serviço nº 36: um carimbo era aplicado na ficha a cada vez que uma resposta era enviada. A comparação do dossiê das cartas recebidas com o das cartas enviadas permite observar a regularidade com a qual as famílias se correspondiam com o deportado. Enquanto alguns destinatários escreviam com grande constância, a cada quinze dias, segundo eram autorizados a escrever, outros não respondiam ou respondiam uma única vez. Eles paravam de escrever devido ao desânimo diante da ausência de notícias ou por terem sido eles mesmos presos e deportados. Algumas centenas de cartas não puderam ser entregues aos destinatários e foram conservadas junto à ficha pela UGIF. Após a guerra, algumas delas foram enviadas ao destinatário ou à família do autor. Nesse caso, figura na ficha da UGIF a menção "Entregue ao liquidante UGIF em 22/11/44 para envio aos destinatários". As cartas não entregues, no total de 250, encontram-se ainda hoje nos arquivos do SHD.

*

Apesar de as cartas e os cartões-postais escritos no âmbito da *Brief-Aktion* serem interessantes pelo que nos dizem sobre o funcionamento do aparelho nazista, elas infelizmente são bastante pobres em informações a respeito dos deportados e de suas condições de vida. Um segundo *corpus* de cartas, escritas clandestinamente pelos deportados, é, por outro lado, uma fonte muito interessante sobre a vida no campo.

Entretanto, a expressão "cartas clandestinas" não é totalmente apropriada, porque o caminho seguido por essas correspondências era oficial. Essas cartas eram clandestinas apenas na medida em que os autores se escondiam por trás do nome de detentos que não eram submetidos ao mesmo regime de detenção, isto é, prisioneiros políticos ou convocados ao trabalho obrigatório. Ao negociarem com um companheiro que lhe emprestava seu nome, alguns judeus deportados da França tiveram a possibilidade de dar notícias à família, assim como de receber cartas, pacotes e itens para melhorar seu dia a dia, em troca de uma contribuição financeira ou material. Essas cartas também têm a particularidade de serem bastante longas, com tocantes marcas de afeto vindas de um prisioneiro que se preocupava com o destino dos seus que ficaram na França. Angústias também podiam transparecer, como o frio e a fome, além daquilo que não podia ser dito claramente, mas que era adivinhado nas entrelinhas, quando alguns detentos utilizavam uma linguagem codificada para se fazer entender.

*

Em 1945, cartas também foram enviadas por sobreviventes que, na libertação dos campos, finalmente puderam fornecer à família uma prova de sua sobrevivência. Muitas vezes fracos e doentes demais para poderem ser repatriados rapidamente, eles aproveitavam a nova liberdade e a presença do Exército Vermelho ou dos soldados franceses de passagem para escrever cartas nas horas ou dias que se seguiam à libertação, dando, assim, um depoimento único e emocionante do inferno que acabavam de atravessar, apesar de alguns não terem tido a felicidade de rever a França.

Essas cartas, escritas no momento, com as ferramentas disponíveis, frequentemente insignificantes, na saída do longo pesadelo dos campos, às vezes às pressas, e desta vez longe do alcance de qualquer censura administrativa, trazem-nos informações sobre os sentimentos ambivalentes dos sobreviventes. Evidentemente, há a alegria de ter sobrevivido e a legítima preocupação a respeito do destino daqueles que ficaram no país, mas, acima de tudo, a ansiedade para reencontrar rapidamente seus próximos, o que não era irrelevante em uma Europa entregue ao caos e à desorganização. Nelas também encontramos a esperança de uma vida melhor; observações bem-humoradas sobre os soldados russos, seus libertadores, que são adulados e calorosamente agradecidos; questionamentos sobre aquele inferno carcerário; além de uma raiva bastante compreensível por seus carcereiros e um ódio brutal pela Alemanha, reivindicando que ela pagasse por seus crimes. Essas últimas cartas oferecem uma miríade de emoções tão raras quanto urgentes antes do retorno para um país que comemora o fim da guerra e quer virar a página desses anos de infelicidade.

Ademais, como contar o indizível aos familiares? Como expressar o horror daqueles campos para irmãos, irmãs, filhos, pais que, muitas vezes, não tinham nenhuma ideia do inferno concentracionário criado pelos nazistas? Essa é também uma terrível constatação trazida pelas cartas. Muitos daqueles que as herdaram ignoravam sua origem e as condições de sua redação, raramente mencionadas por seus pais. Isso torna sua descoberta, seu arquivamento, sua conservação e sua publicação ainda mais essenciais, uma vez que, além de oferecerem um material único e autêntico sobre a Shoá, registram expressões que nenhum documentário, nenhuma imagem poderia restituir com tamanha fidelidade e espontaneidade.

NOTA PRELIMINAR

Na medida do possível, no momento da transcrição, respeitamos a grafia das cartas. Entretanto, a fim de garantir uma melhor compreensão, pequenas correções de ortografia e de tipografia foram efetuadas pelo autor e pelo editor. As palavras entre parênteses (…) foram escritas pelos autores das cartas. Em alguns casos, supressões foram efetuadas e estão registradas entre colchetes, desta forma: […]. As intervenções da autora do livro e do editor são sinalizadas da mesma maneira. Em certos casos, a má qualidade do suporte, assim como o efeito do tempo, dificulta a leitura de algumas palavras. As partes sujeitas a interpretação são grafadas em itálico e, aquelas incompreensíveis, também estão posicionadas entre colchetes, desta forma: [*ilegível*].

Primeira parte

BRIEF-AKTION

Privados de tudo, torturados pela fome e pelo frio e destinados ao aniquilamento, alguns judeus deportados para Auschwitz puderam se corresponder com seus entes queridos que permaneceram na França, contrariando a doutrina nazista que consistia em fazê-los desaparecer sem deixar vestígios.

De 1942 até o verão de 1944, cerca de cinco mil cartas foram trocadas entre a França e a Alemanha, permitindo a três mil correspondentes identificados manter uma ligação, embora frágil, com seu país de origem.

Inúmeras zonas obscuras cercam a *Brief-Aktion*. Propaganda destinada à opinião pública? À Cruz Vermelha? A calar os rumores que começavam a circular a respeito dos campos de extermínio? Um método para identificar outros judeus a serem presos? Não sabemos a intenção por trás desse projeto, embora a hipótese de uma operação de propaganda seja a mais aceita.

Qualquer que fosse o objetivo, a realidade dos campos de extermínio deveria permanecer desconhecida até mesmo no endereço. Nessas cartas, falava-se apenas em "campos de trabalho". Para os deportados que puderam trocar correspondências, a desconfiança predominava. Escrever para a família na França significava entregar aos seus algozes o endereço de seus próximos e condená-los à morte. A maior parte dos deportados enviava suas cartas para amigos de confiança, sobretudo "arianos", que pudessem reencaminhá-las com toda a segurança.

Embora hoje isso possa parecer inacreditável no contexto dos campos nazistas, temos provas de que essas cartas partiram de Auschwitz, chegaram à França e de que respostas foram enviadas. É o que conta a história de Hersz Strasfogel, que o leitor descobrirá nas páginas a seguir.

Ainda que as correspondências entre os deportados e a França, no âmbito da *Brief-Aktion*, fossem extremamente controladas, não fornecendo nada além de breves notícias cujo objetivo era tranquilizar as famílias, alguns deportados aproveitaram falhas na execução inicial dessa operação de propaganda para tomar algumas liberdades no que dizia respeito às regras, escrevendo cartas mais longas e menos rígidas que o previsto. Uma breve vantagem que não duraria muito. Foi o caso da emocionante e única carta de Sylvain Bloch para sua família, uma das primeiras cartas da *Brief-Aktion*, que chegou a Paris em janeiro de 1943, na qual ele se preocupa com a saúde de sua família e dá conselhos: "Lembre-se de aprender corretamente e de ouvir bem o que sua mãe lhe diz", escreveu para sua filha. Outros, como Berthe Falk, presa durante a Rusga do Velódromo de Inverno e deportada pouco tempo depois, não escondem a felicidade proporcionada pelo recebimento das cartas que chegavam da França: "Tudo o que vem de vocês me deixa feliz", escreveu ela, entregue à felicidade de receber notícias de seus próximos.

Para algumas famílias, essas cartas, embora sucintas, são os únicos depoimentos que restaram de um pai, de uma mãe ou até mesmo de um filho desaparecido nos campos, e são conservadas como bens preciosos. É o caso dos irmãos Marcel e Simon Aptekier. Ambos nasceram na Polônia, em 1920 e 1921, pouco antes de seus pais emigrarem para a França. Preso em 1941, Simon conseguiu fugir e juntou-se à Resistência, enquanto seu irmão mais velho foi preso e deportado para Auschwitz no ano seguinte. De forma geral, a existência dessas cartas, com as datas de envio e de recebimento registradas pela UGIF, permite saber se um deportado passou pela assustadora "seleção" que acontecia logo após a chegada dos trens a Auschwitz. Essas cartas, embora modestas, nos possibilitam conhecer melhor o trágico destino desses prisioneiros.

Essa correspondência atravessou o tempo e chegou até nós. Nas páginas seguintes, são apresentados nove itinerários de deportados. Essas cartas foram escolhidas em razão do que nos dizem a respeito do funcionamento dessa operação de propaganda, tanto na França, por intermédio da UGIF, quanto nos campos alemães.

Judeus nascidos na França, naturais da Polônia ou ainda da Romênia, alguns envolvidos na Resistência, quatro desses deportados retornaram, e dos cinco restantes essas cartas são seus últimos vestígios de vida. Esses percursos nos trazem uma melhor compreensão do que foi a *Brief-Aktion* na França, mas, acima de tudo, também nos dão a oportunidade de prestar uma homenagem à memória desses homens e dessas mulheres.

HERSZ STRASFOGEL,
anos 1930

HERSZ-HERMANN STRASFOGEL

Embora hoje saibamos que os deportados judeus podiam escrever para a família que ficou na França, qual não foi nossa surpresa ao descobrirmos que um deportado de Birkenau havia recebido uma resposta para a carta que escrevera. É o caso de Hersz Strasfogel, cuja história é especialmente extraordinária.

Estamos em fevereiro de 1945, algumas semanas após a descoberta dos campos de Auschwitz e de Birkenau pelas tropas soviéticas. Uma equipe da Cruz Vermelha polonesa de Cracóvia, que trabalha em um hospital instalado no campo principal de Auschwitz I, dirige-se ao campo de Birkenau. Fazendo parte dessa equipe, um estudante de medicina natural de Varsóvia, Andrejz Zaorski,* encontra em meio às cinzas amontoadas nos crematórios, perto da via férrea, uma garrafa de meio litro cuidadosamente fechada. Em março de 1971, ele relatou ao Museu de Auschwitz as condições dessa descoberta:

> Abri a garrafa e dela tirei algumas folhas perfeitamente conservadas de papel quadriculado. Essas folhas estavam dobradas e tinham a

---

* Andrejz Zaorski nasceu em Varsóvia em 22 de março de 1923, filho de pai cirurgião e mãe filha de médico. Estudante de medicina, candidatou-se para a Cruz Vermelha polonesa, a um trabalho no recém-liberto campo de Auschwitz, para ali instalar um hospital. Depois disso, tornou-se cirurgião. Morreu em 2 de junho de 2014.

forma de uma carta. Na folha externa, que era um tipo de envelope provisório, havia o endereço da Cruz Vermelha polonesa. Apenas no interior da carta se podia ler um segundo endereço: desta vez, tratava-se do destinatário real, na França. E, como a carta estava dobrada e coberta por papel, e não se encontrava em um envelope, eu a desdobrei e encontrei várias folhas com um texto escrito à mão em língua francesa. Era uma carta endereçada à esposa, que, como se podia imaginar ao ler o endereço, estava na França. O autor dessa carta descrevia seu horrível destino e tudo o que vivera quando trabalhou nos crematórios, após ter sido designado pelos alemães para integrar a equipe do crematório. Ele declarava que certamente o matariam, assim como mataram todos os seus colegas e antecessores designados para o mesmo trabalho. Ele não tinha mais nenhuma esperança de um dia rever sua mulher e lhe deixava orientações a respeito da vida após a guerra. Pedia que ela nunca mais voltasse para a Polônia.[1]

O documento manuscrito, descrito em detalhes por Zaorski, foi enviado para as autoridades francesas de Varsóvia em março de 1945. Embora Zaorski tenha mencionado em seu depoimento a existência de dois endereços, aparentemente eles se perderam. A fim de enviar a carta original ao seu destinatário, o Ministério dos Antigos Combatentes e Vítimas de Guerra da República Francesa tomou a iniciativa de transmitir uma cópia da transcrição datilografada à Associação dos Antigos Deportados de Auschwitz de Paris, que, em seu boletim nº 19, de janeiro/fevereiro de 1948, publicou na segunda página um trecho da carta, precedido da seguinte introdução:

> Publicamos abaixo uma carta cuja cópia acaba de nos ser enviada pelo Ministério dos Antigos Combatentes. Essa carta foi encontrada em uma garrafa enterrada perto do crematório 2 de Birkenau. Ela foi assinada por Hermann, deportado em 2 de março de 1943 de Drancy. Não publicamos as passagens estritamente pessoais, mas queremos destacar que essa carta é dirigida à sra. Hermann e à sua filha Simone, e que além delas são mencionados os nomes dos

senhores Riss, Vanhems, Martinelli, David Lahana e Yacoel. As buscas efetuadas pelo Ministério para encontrar a família Hermann, assim como as outras pessoas mencionadas, até agora não trouxeram nenhum resultado. Ficaremos gratos se aqueles que puderem nos ajudar em nossas buscas nos alertarem o mais breve possível.

A Associação, no entanto, fez uma interpretação incorreta: embora a carta esteja endereçada à esposa e à filha do autor, em nenhum lugar está escrito que Hermann é seu sobrenome. Sabemos que os destinatários foram identificados e que a carta lhes foi entregue em março de 1948. Ela permaneceu cuidadosamente conservada, até vir à tona novamente setenta anos mais tarde, em 2018.

Paralelamente, nos anos 1960, uma cópia da versão datilografada foi entregue ao Museu de Auschwitz. Parece que nessa época a carta foi atribuída a certo "Chaïm Herman". *A priori*, apenas a assinatura "Hermann", no fim da carta, serviu como identificador do autor, o qual indica ter sido deportado da França e especifica a data em que isso ocorreu. Em seguida, houve uma busca na lista de deportação do trem nº 49, que continha um único deportado com o nome de Hermann: Chaïm Herman. Então, o texto lhe foi automaticamente atribuído.[2] Como este último era solteiro e não tinha filhos, ninguém se manifestou para questionar essa afirmação, nem mesmo um amigo ou conhecido. Desde então, o erro foi reproduzido todas as vezes que o texto da carta foi publicado. De fato, o único manuscrito redigido em francês por um membro do *Sonderkommando* de Birkenau entrou para a história como tendo sido escrito por "Chaïm Herman".

Hoje sabemos que o autor da carta que se dirige à sua mulher e à sua filha assinou com seu nome, e não com seu sobrenome. Mas não era possível adivinhar que Hersz Strasfogel era chamado por "Hermann" e que o nome de sua filha, Sima, fora afrancesado para se tornar "Simone".

Para complicar as coisas, há muitas semelhanças entre os dois homens. Hersz Strasfogel nasceu em 16 de dezembro de 1896, em Varsóvia, tal como Chaïm Herman. Do mesmo modo, ambos viveram e trabalharam em Paris; Hersz atuava na confecção: era operador de máquina de tricô. Ambos residiam no 11º distrito da capital, no *boulevard* Richard-Lenoir, nº 117. Mas, diferentemente de Chaïm, Hersz casou-se com Chiona (que é chamada de Suzanne), tendo com ela uma filha, Sima-Simone, nascida em 1927.

Hersz Strasfogel chegou à França em 27 de dezembro de 1929, e sua família se juntou a ele alguns meses depois. Seus primeiros anos em Paris foram difíceis. Eles receberam uma ordem de expulsão e esgotaram-se em procedimentos para obter a autorização de permanência. Em 1932, inscreveu-se no registro do comércio como tricoteiro, declarando-se empreendedor em 1935. De fato, Hersz foi trabalhar por conta própria; seu negócio foi alvo de um processo de arianização durante a Ocupação.[3] Desde que se instalou na França, Hersz pede para ser chamado de Hermann: é um nome mais fácil de ter e de pronunciar.

Hersz-Hermann Strasfogel foi preso no dia 20 de fevereiro de 1943, durante uma rusga ocorrida em Paris, cujo alvo eram os judeus estrangeiros entre 16 e 65 anos. Para essa rusga, foram selecionadas 7.011 fichas de homens a serem presos, mas os resultados acabaram sendo inexpressivos: o número de prisões não chegou a uma centena. Entre eles, infelizmente, se encontravam Hersz-Hermann Strasfogel, seu irmão Izak e o já citado Chaïm Herman. Em Drancy, eles foram enviados para a mesma camarata, número 2, escada 15. Também estiveram entre as mil pessoas que deixaram o campo para integrar o trem nº 49, no dia 2 de março de 1943.

Durante as pesquisas feitas para esta obra, em uma caixa que continha diversos documentos sobre o campo de Auschwitz, uma carta manuscrita, em francês, chamou minha atenção. A fotocópia, embora de qualidade medíocre, é de fácil leitura. O autor é membro do *Sonderkommando* de Birkenau e anuncia que sua morte está próxima. Essa carta foi enviada ao Memorial da Shoá em 2002, por Simone Muntlak. Ela vinha acompanhada do formulário de inscrição na Parede dos Nomes,* que Simone preenchera

---

* Localizada na entrada do Memorial da Shoá, a Parede dos Nomes traz, gravados na pedra, os nomes de quase 76 mil judeus deportados da França entre 1942 e 1944, como parte da implementação da Solução Final pelos nazistas. Inaugurado no dia 25 de janeiro de 2005 pelo presidente Jacques Chirac, o novo monumento, restaurado e terminado, foi reinaugurado pelo presidente Emmanuel Macron no dia 27 de janeiro de 2020.

para seu pai, Hersz Strasfogel. Após algumas pesquisas, constatou-se que essa carta é a que foi atribuída a Chaïm Herman. Simone faleceu, e seus filhos, se conheciam a existência dessa carta, ignoravam sua história.

A busca continuou, agora junto aos arquivos do SHD em Caen. Sabíamos que o dossiê de Chaïm Herman estava exasperadamente vazio e, por isso mesmo, ninguém se preocupou com ele; todas as pesquisas que fizemos para encontrar membros de sua família foram em vão. Mas agora sabemos do nome Hersz-Hermann Strasfogel.

A consulta de seu dossiê[4] revela que foi Simone quem fez os procedimentos junto ao Ministério para obter, em nome de seu pai, o registro de deportado político, assim como, para ela e para sua mãe, o registro de dependentes. Mais que isso, no dossiê encontramos uma cópia datilografada da carta de Hersz escrita em Birkenau, com a menção manuscrita: "Entregue à senhora Strasfogel, filha de Hermann Strasfogel, em 2 de março de 1948". É provável que tenha sido a publicação no boletim da Associação de Auschwitz que permitiu a identificação de Hersz e a entrega da carta a Simone e à sua mãe, Chiona. Elas a conservaram como uma relíquia, como um objeto sagrado, mas nunca falaram dela nem a mostraram a ninguém.

Se a história dessa carta é extraordinária, seu conteúdo é, sob muitos aspectos, igualmente fascinante, especialmente pelo que revela a respeito da correspondência escrita pelos judeus deportados da França para Birkenau.

A carta começa assim:

> Pedido de alguém que está prestes a morrer para que entreguem este envelope ao Consulado da França, ou à Cruz Vermelha Internacional, para que seja encaminhado ao endereço indicado. Obrigado.
>
> Birkenau, 6 de novembro de 1944
> Para minhas queridas
> Esposa e filha,
> No início de julho deste ano, tive a grande alegria de receber sua carta (sem data), o que foi como um bálsamo para meus tristes

dias aqui. Eu a releio repetidamente e não me separarei dela até meu último suspiro.

Não tive mais nenhuma oportunidade de responder e se lhes escrevo hoje, correndo grande risco e perigo, é para dizer-lhes que esta é minha última carta, que nossos dias estão contados, e se um dia vocês receberem esta missiva, deverão me incluir entre os nossos milhões de irmãos e irmãs extintos deste mundo. Quando acontecer, garanto que partirei calmamente e quem sabe até heroicamente (isso dependerá das circunstâncias), com o único lamento de não poder revê-las, nem que fosse por um único instante.

Já nas primeiras linhas de sua carta-testamento, Hersz-Hermann Strasfogel nos dá uma informação essencial para nossa pesquisa:

[...] tive a grande alegria de receber sua carta [...]. Eu a releio repetidamente e não me separarei dela até meu último suspiro.

Algumas páginas à frente, ele continua:

Desde que recebi sua carta, com a letra de vocês duas, a qual abraço frequentemente, desde aquele momento minha satisfação tornou-se completa, e poderei morrer tranquilamente sabendo que ao menos vocês estão a salvo [...].

Através dessas poucas linhas, podemos compreender que Hersz escreveu para sua esposa e sua filha, o que é confirmado pela consulta ao arquivo do escritório nº 36 da UGIF. As indicações registradas na ficha, referentes à data em que elas recebem a primeira carta escrita por seu esposo e pai, merecem uma análise aprofundada.

Descobrimos inicialmente que ele escreveu duas cartas. A primeira, registrada sob o nº 1.771, chegou em 18 de outubro de 1943. Uma segunda carta chega em 27 de março de 1944 e recebe o nº 3.886. Simone, em seu depoimento,* evoca a existência dessas cartas, que infelizmente não foram encontradas. A ficha da UGIF também revela que respostas foram enviadas, em 18 e 26 de janeiro de 1944, e depois em 20 de abril e em 20 de maio de 1944.

Várias caligrafias são identificadas. Uma primeira indica o nome de Hersz Strasfogel como autor, as coordenadas do destinatário, senhor Vanhems, o número e a data em que a primeira carta foi recebida. Uma segunda completa as seguintes informações: data e local de nascimento, data de detenção e endereço. O nome do primeiro destinatário foi riscado e substituído por "Carta entregue ao sr. Goldberg em 27/10". O sr. Vanhems era, ao que parece, um amigo da família Strasfogel. Hersz o cita em sua carta, mas nossas pesquisas não nos permitiram saber mais sobre a ligação entre eles. Charles-Gaston Vanhems era um senhor de idade, nascido em 1892, antigo combatente da Primeira e da Segunda Guerra Mundial, e vivia a alguns minutos a pé da residência dos Strasfogel. Finalmente, ao que parece, a carta que chegou à França em 18 de outubro de 1943 foi entregue a um homem chamado senhor Goldberg, ele também residente a algumas centenas de metros do *boulevard* Richard-Lenoir. Essa pessoa deve ter mantido o contato com Simone e sua mãe.

Na primavera, algumas semanas depois da prisão de Hersz, as duas mulheres de fato deixaram Paris e foram para Veneux-les-Sablons, pequena cidade do departamento de Seine-et-Marne, na floresta de Fontainebleau, a fim de encontrar refúgio com os Martinelli. Essa família italiana era ligada a um colega de trabalho de Hersz e, havia alguns anos, Simone passara suas férias com ela. Os Martinelli sabiam bem que os Strasfogel eram judeus, mas aceitaram alugar um quarto no último andar para eles. Além do aluguel, Chiona ofereceu seus serviços de cozinheira. Após alguns meses, o dinheiro começou a acabar. Apesar disso, Simone e sua mãe continuaram ali por

---

* Coleta de depoimentos que resultou no livro *De bouche à oreilles* [*De boca em boca*, em tradução livre], organizado pela Fundação Casip-Cojasor durante o ano escolar 2010-2011 e publicado em 2012.

quase dois anos sem sair, vivendo como podiam, até que fosse seguro voltar para sua residência em Paris.

As cartas que Hersz escreveu em Birkenau, entretanto, chegaram ao seu esconderijo, sem dúvidas graças à ajuda do senhor Goldberg. Sabe-se também que elas puderam responder, já que consta um registro na ficha da UGIF e Hersz fala dessa resposta em sua carta.[5]

Dessa forma, temos a prova indiscutível de que um detento judeu do campo de Birkenau, o mais afetado de todos os *kommandos* do centro de extermínio, recebeu respostas para sua carta enviada no âmbito da *Brief--Aktion*. Podemos, assim, deduzir que outros deportados também receberam cartas de seus próximos?

SYLVAIN BLOCH,
no início dos anos 1920

SYLVAIN BLOCH

As primeiras correspondências ainda não tinham o formato de cartas. Também não eram cartões-postais, mas pedaços simplórios de papel. Era igualmente simplória a redação das orientações, que não eram tão estritas quanto vieram a ser posteriormente. É o caso da correspondência enviada por Sylvain Bloch à sua esposa, que traz o nº 68 e chegou à França em 4 de janeiro de 1943.

Em um primeiro momento, não considerei que a carta escrita por Sylvain Bloch no campo de Auschwitz tinha sido escrita no âmbito da *Brief-Aktion*. Essa identificação só foi possível com o acesso ao arquivo conservado pelo SHD e sua análise. Os primeiros envios autorizados ainda não dispunham do material adequado; foi, portanto, em uma folha de papel retirada de um bloco de folhas (é possível ver a borda serrilhada na parte inferior da página) de formato 28 × 20,3 cm que Sylvain Bloch escreveu algumas palavras, corretamente redigidas em alemão, à sua esposa e sua filha. Dezessete linhas de um texto que não era tão inexpressivo quanto os que viriam em seguida.

Sylvain Bloch nasceu em 19 de julho de 1895 em Duttlenheim, no departamento de Baixo Reno. Após ter realizado seu serviço militar em Paris, como socorrista, retornou temporariamente a esse serviço em 1925, para exercer a profissão de chefe de máquinas. Recém-casado, instalou-se na capital com sua esposa, Yvonne Lehmann, em 1922. Viveram no *boulevard* Pereire, nº 137, no 17º distrito, com sua filha, que nasceu em 1935.

Sylvain foi preso no fim de maio de 1942, na estação de Montceau-les-
-Mines, enquanto tentava atravessar a linha de demarcação – que separava
a zona livre da zona ocupada – para encontrar a família de sua esposa,
que se refugiara na Dordonha. Primeiramente, ele foi detido no forte de
Hauteville, em Dijon. Foi lá que, em 16 de julho de 1942, um artista
detido junto com ele realizou seu retrato a lápis. Transferido para o campo
de Pithiviers, é levado, durante algumas semanas, a realizar idas e vindas
incessantes entre os campos de Loiret (Pithiviers e Beaune-la-Rolande) e o
campo de Drancy, na região parisiense.*

No campo de Drancy, Sylvain envia duas cartas para Yvonne, nas quais
relata suas idas e vindas: "Estou escrevendo a caminho de Drancy"; acres-
centando: "Minha saúde continua bem [...] estou partindo para Pithiviers.
Se você puder me enviar alguma coisa, ficarei muito feliz". Após três meses
de detenção e muitas transferências, ele foi deportado para Auschwitz no
trem nº 36, que deixou a estação de Bourget-Drancy em 23 de setembro
de 1942.

Sua esposa Yvonne, que ficara sozinha em Paris, deixou sua filha por
um tempo em uma casa da UGIF situada em La Varenne, na periferia parisiense, mas, temendo ser presa, voltou para buscá-la. Elas permaneceram
juntas, escondidas, até a Liberação.

A carta de Birkenau foi escrita no âmbito da *Brief-Aktion*. Trazendo o nº
68, foi uma das primeiras a chegar a Paris, contendo uma série de particula-
ridades. Primeiramente, como já vimos, é uma carta, e não um postal, com
mais espaço e liberdade para escrever. As informações são as mesmas que
constarão nos postais seguintes: o nome e o endereço do campo (*Block nº 8,
Arbeitslager Birkenau bei Neuberun OS*). A carta está inteiramente redigida
em alemão, mas não parece ser a letra de Sylvain. Não é a mesma caligrafia
das cartas escritas em Drancy, nem a que encontramos na assinatura e nas
indicações do destinatário:

---

* Sylvain Bloch foi detido no forte de Hauteville, em Dijon, transferido para Pithiviers de 3
a 27 de agosto de 1942, depois para Drancy de 27 de agosto a 1º de setembro, retornou para
Pithiviers em 1º de setembro, foi levado para Beaune-la-Rolande em 15 de setembro e novamente
transferido para Drancy em 23 de setembro.

Carta de Sylvain Bloch enviada do campo de Birkenau para sua esposa, Yvonne.

Bloch Sylvain
Bloco nº 8
Nascido em 19.7.1895
Campo de trabalho de Birkenau, próximo de... O.S.

Minha querida esposa, minha querida filha,
Com alegria, quero transmitir-lhes algumas linhas. Espero que esteja tudo bem com vocês. Posso dizer o mesmo no que diz respeito a mim. Imagino, minha querida Yvonne, que seu nariz e sua garganta estejam melhor. Quanto a mim, estou bem. Guardo a lembrança de uma bela mãe! E você, minha querida Jeanine, vai retornar à escola. Você deve estar contente por reencontrar seus colegas! Lembre-se de aprender corretamente e de ouvir bem o que sua mãe lhe diz. Estou sempre pensando em vocês. Diga a toda a família que mandei lembranças.
Beijos, seu marido e pai,
Sylvain

Mando lembranças à cara Maria e Albert.

Sylvain endereçou a carta para a residência da família, no *boulevard* Pereire. Foi a única de sua parte, mas Yvonne lhe respondeu 32 vezes. É a informação que nos traz a ficha feita pela UGIF,[6] que apresenta um carimbo datador a cada vez que Yvonne escreveu para seu marido, com uma rigorosa regularidade, a cada quinze dias, entre 15 de janeiro de 1943 e 5 de agosto de 1944. Sylvain recebeu essas cartas? Ele ainda estava vivo quando as correspondências chegaram? Só o que se sabe é que ele não pôde enviar outras notícias.

Não encontramos nenhum vestígio de Sylvain Bloch nos arquivos do Museu de Auschwitz. Na chegada do trem, 399 homens passaram pela seleção. A carta indica que Sylvain é um deles, mas não nos permite saber por quanto tempo ele sobreviveu. Na realidade, ela não está datada. Sabemos apenas que foi registrada pela UGIF em 4 de janeiro de 1943, assim como outras 148 correspondências que foram escritas, entre outros, por deportados do mesmo trem, o do dia 23 de setembro de 1942. Há também, nesse conjunto, cartas escritas por deportados dos meses de março, junho, julho, agosto e principalmente setembro de 1942.

Sylvain Bloch não deu mais nenhum sinal de vida e não retornou da deportação. Recentemente questionada, sua filha Jeanine afirma que não tinha conhecimento dos inúmeros envios de cartas feitos por sua mãe.[7]

| 4092 Nom FERLEGER | Prénoms Salomon | Camp de : Monowitz Haus 48 |

Destinataire : Mme Daunois, 25 rue de la Cloche d'Or, Perpignan
3-8

N°	DATE D'ARRIVÉE	DATE DE LA RÉPONSE	N°	DATE D'ARRIVÉE	DATE DE LA RÉPONSE
4092	25 JUIL 1944				

Ficha de registro pela UGIF da carta enviada por Charles Ferleger.

SALOMON-CHARLES FERLEGER

Raros são os sobreviventes dos campos que falam sobre o momento da escrita das cartas em seus depoimentos, mas Charles Ferleger é um deles.

> Eu já lhes contei que eu podia mandar notícias do campo? No início do ano, soldados da SS vieram ao nosso alojamento e anunciaram que poderíamos escrever para mandar notícias às nossas famílias. Muitos tiveram medo de que se tratasse de uma armadilha e se recusaram a escrever, mas eu não, eu usei o endereço de uma amiga, não judia, porque sabia que ela poderia entrar em contato com Margot. Mas a carta só chegou nove meses após a liberação da França.

É assim que Salomon Ferleger, apelidado de "Charles", evoca a existência da carta que escreveu em Monowitz quando dá seu depoimento à Visual History Foundation, em 1997.[8]

> Minha querida Margot,
> Estou bem de saúde e em um campo de trabalho. Você pode me escrever em alemão. Espero que você esteja bem e que eu receba notícias suas em breve. Um beijo,
>
> Ferleger Salomon

Margot é Marguerite,* sua noiva, a jovem com quem se casará em outubro de 1945, seis meses após seu retorno. A carta que Charles enviou em 30 de janeiro de 1944 só chegou à França em 25 de julho.

Charles era um jovem de 23 anos quando foi deportado para Auschwitz em 7 de dezembro de 1943 no trem nº 64, que saiu de Drancy. Ao seu lado estavam seus pais, Bluma (Berthe) e Abram (Adolphe), entretanto eles não foram presos juntos. Charles nasceu em Paris e lá exercia a profissão de alfaiate. Desde o início da guerra, ele se envolveu com a Resistência e integrou a organização dos Francs-Tireurs et Partisans, mas, devido ao perigo em que suas atividades clandestinas o colocavam, ele teve que deixar a capital apressadamente para encontrar um esconderijo no interior. Em 1941, foi contratado para trabalhar como lenhador em obras florestais, primeiramente em Sully-sur-Loire e mais tarde em Champaubert-aux-Bois, na região de Haute-Marne. Na primeira quinzena de março de 1943, chegou ao campo de Beauregard, situado na cidade de Clefs, em Maine-et-Loire. Foi lá que, na manhã de 22 de novembro de 1943, ocorreu uma operação realizada pela *Sicherheitspolizei* de Angers. Os 63 judeus ali presentes foram presos e levados para Angers: o mais velho tinha 67 anos, e o mais novo, 19.[9]

Charles e seus companheiros chegam ao campo de Drancy após dois dias de transporte em vagões carregados de cavalos. No trem, Charles consegue escrever uma carta endereçada aos seus pais para avisá-los de sua prisão e pedir que deixem Paris. A carta dizia: "Não fiquem em casa". Como não tinha selo, anexou uma cédula de 100 francos, contando com a bondade de alguém que a encontrasse nos trilhos e a enviasse por correio. A carta chegou ao seu destino, mas não sem antes ter sido lida pela censura: Berthe e Adolphe foram presos três dias depois. Eles não puderam seguir o conselho do filho. Charles rememora: "Um dia, em Drancy, fui convocado ao escritório do comandante. Entrei e vi meus pais, que tinham acabado

---

* Marguerite Boksenbaum, nascida em 22 de abril de 1924, não foi deportada.

de ser presos em casa. Eles tinham levado até mesmo o gato, que passeava tranquilamente pelo escritório do comandante. O gato não foi deportado".*

A irmã de Charles, Simone, tinha chegado antes deles a esse campo situado a pouco menos de doze quilômetros de Paris, uma verdadeira placa giratória da deportação dos judeus da França. Dois anos mais velha do que Charles, Simone se casou com um não judeu, Jacques Letellier, que também era ativo na Resistência. O casal era vigiado, mas apenas Simone foi presa pelo fato de ter infringido a lei de 27 de outubro de 1940.** Ela foi julgada e condenada a nove meses de prisão. Nesse período, Charles ainda estava em Paris e assistiu ao processo que enviou sua irmã para a Petite Roquette em 12 de agosto de 1942. Ela saiu de lá apenas após ter cumprido sua pena, mas foi levada para Drancy. Na ficha criada quando ela chegou ao campo, está indicado "deter em Drancy enquanto se aguarda a decisão". De fato, como era casada com um não judeu, ela tinha o status de "cônjuge de ariano", então seu caso precisava de análise. Por fim, a decisão foi tomada: deportação. Simone deixou Drancy no trem de 18 de julho de 1943. Será que ela já estava morta quando Charles e seus pais deixaram Drancy no trem nº 64, em 7 de dezembro de 1943?

As famílias eram separadas assim que chegavam a Auschwitz: homens para um lado, mulheres para o outro. Charles não teve nem mesmo tempo de se despedir de sua mãe. O médico-major alemão que fazia a seleção interrogou Charles, que não falava alemão, mas o compreendia graças ao seu conhecimento de iídiche. Charles aquiesceu quando o médico perguntou se ele se sentia suficientemente forte para trabalhar. Sendo jovem e com uma boa condição física, visto que trabalhou por vários meses como lenhador, é

---

* Abram e Bluma Ferleger foram presos em casa em 30 de novembro de 1943 e levados para o campo de Drancy, onde Charles já estava havia uma semana.

** Essa informação consta na ficha feita em nome de Sarah (Simone) Letellier no momento de sua detenção em Drancy. Deve haver algum erro, pois não há nenhuma lei datada de 27 de outubro de 1940. A menção pode se referir à lei de 25 de outubro, relativa às empresas judias, ou ao status dos judeus de 18 de outubro de 1940. Sarah (Simone) Ferleger nasceu no dia 7 de junho de 1921. Deportada no trem nº 57 de 18 de julho de 1943, ela não sobreviveu.

um dos 72 homens selecionados para o trabalho, mas o mesmo não ocorreu com seu pai, que já não estava ao seu lado quando entrou no campo.

Charles foi levado para o campo de Monowitz, também chamado de Auschwitz III, anexado à usina de Buna. A partir de então, recebeu a identificação nº 167.508 e foi designado ao *Kabel Kommando*, onde sua atividade consistia em puxar grandes cabos elétricos, muito pesados, que arrancavam a pele das mãos. Durante o inverno de 1944, encontrou-se com o Dr. Robert Waitz,* que lhe ajudou quando foi enviado para o *revier* (hospital) algumas semanas depois, diagnosticado com antraz. Ao deixá-lo em isolamento, alegando que estava com caxumba, o médico lhe permitiu escapar da seleção que o teria levado à morte.

Na noite de 18 de janeiro de 1945, a ordem de agrupamento foi dada. Charles e alguns poucos milhares de homens e mulheres ainda capazes de se manter de pé foram reunidos no pátio do campo e abandonados no meio da estrada. Era o início da evacuação do campo de Auschwitz, decidida pela SS diante do avanço das tropas soviéticas. Eles deixaram o campo às cinco horas da tarde e caminharam durante toda a noite e madrugada, no frio e na neve. Essa evacuação ficou conhecida como a "marcha da morte". Após trinta e seis horas e cerca de sessenta quilômetros percorridos, Charles chegou ao campo de Gleiwitz. Um segundo transporte o levou até o campo de Buchenwald. Lá ele foi libertado pelas tropas americanas, em 11 de abril de 1945. Dezoito dias depois, chegou a Paris em um dos primeiros trens de repatriados. Ao passar por Longwy, Charles enviou um telegrama para

---

* Robert Waitz, nascido em 20 de maio de 1900, era professor de medicina na Universidade de Strasbourg. Transferido para Clermont-Ferrand no início de setembro de 1939 com sua universidade, foi preso ali pela Gestapo como um resistente, em 3 de julho de 1943, depois enviado para a prisão de Moulins antes de ser transferido para o campo de Drancy. Foi deportado como judeu no trem nº 60, que partiu de Drancy em 7 de outubro de 1943 com destino a Auschwitz. Enviado como médico ao campo de Monowitz, de 10 de outubro de 1943 a 18 de janeiro de 1945, ele estabeleceu uma rede de resistência francesa no campo e contribuiu para salvar inúmeros deportados. Após os mercados da morte que o conduziram ao campo de Buchenwald, foi designado ao Block 46, onde reuniu provas da inoculação de tifo em indivíduos saudáveis feita pela SS. Libertado do campo de Bergen-Belsen, voltou para Strasbourg em 1945 e tornou-se presidente da Associação de Auschwitz e do Comitê Internacional de Auschwitz.

avisar sobre seu retorno. Mas para quem? Ele sabia que seus pais, deportados com ele, tinham sido assassinados; será que sua irmã conseguira escapar?

Charles retornou no dia 1º de maio, pela estação de trem Gare de l'Est. Após uma breve passagem pelo centro de Orsay, onde foi pulverizado com DDT* para ser desinfectado, e alguns dias no hospital de Hôtel-Dieu, ele foi enviado ao departamento de Cantal para restabelecer a saúde. De volta a Paris, precisou abrir um processo para recuperar o apartamento que ocupava no 3º distrito. De sua vida anterior, não encontrou nada além de uma mala que seus pais haviam confiado a uma vizinha, contendo roupas, alguns objetos de primeira necessidade, livros e seus passaportes.

Poucos meses depois, em outubro de 1945, Charles se casou com Margot. Era a ela que a carta escrita em Monowitz era destinada. Para não a fazer correr o risco de ser presa, ele endereçara a carta à senhora Daunois, uma amiga não judia que vivia em Perpignan, confiando que ela saberia como encaminhar a carta. Charles conta que foi um soldado da SS o responsável por distribuir as cartas no alojamento no início de 1944. Já fazia dois meses que eles estavam no campo, e ele achava que a autorização de escrever lhes tinha sido concedida em razão do ano-novo. A carta não parece ter sido redigida por Charles: as caligrafias do texto em alemão e das menções do endereço e do remetente não são iguais.

Eles receberam as seguintes orientações: deviam dizer que estavam em um campo de trabalho e que a saúde estava bem. Muitos de seus companheiros não quiseram escrever por receio de que as correspondências provocassem novas prisões. A carta de Charles é datada de 30 de janeiro de 1944, mas, segundo o arquivo da UGIF, foi registrada em Paris apenas seis meses depois, em 25 de julho de 1944, e enviada à senhora Daunois no dia 3 de agosto. Nenhuma resposta foi identificada. Em julho de 1944,

---

* DDT: diclorodifeniltricloroetano, poderoso inseticida utilizado para desinfetar os deportados em seu retorno.

a França viveu as últimas horas da Ocupação, embora ainda não fosse o fim das deportações.*

Charles relata em seu depoimento que a carta chegou às mãos de Margot apenas após seu retorno à França. Provavelmente, foi o tempo que levou para que ela chegasse à casa da senhora Daunois, em Perpignan, e fosse entregue por esta ao verdadeiro destinatário. Fato é que, neste caso, a carta escrita por Charles não cumpriu nenhum dos propósitos que lhe foram destinados: não tranquilizou as famílias dos deportados nem identificou novas vítimas a serem presas.[10]

Ele morreu em 24 de janeiro de 2019.

---

* Dois trens ainda partiriam de Drancy em 31 de julho e 17 de agosto de 1944, um trem de Toulouse em 30 de julho de 1944, outro de Lyon em 11 de agosto de 1944 e um de Clermont--Ferrand em 17 de agosto de 1944.

ISAAK GOLDSZTAJN,
1930

ISAAK GOLSZTAJN

Estou escrevendo do campo de trabalho de Birkenau, onde estou agora. Estou bem de saúde, trabalhando e esperando notícias suas.

Essas poucas palavras foram as últimas notícias que Bronia recebeu, em novembro de 1943, de seu marido Isaak, que fora preso em fevereiro e deportado no mês de junho para o campo de Auschwitz-Birkenau. Em seguida, houve apenas silêncio e desinformação.

Isaak estava entre os seiscentos deportados do trem nº 55, que, chegando ao campo em 25 de junho de 1943, foram selecionados para trabalhar. Duas semanas depois, foi autorizado a escrever para dar notícias. Isaak enviou duas cartas, tendo o cuidado de não as endereçar diretamente à sua esposa, mas sim a amigos não judeus que ele sabia que poderiam avisá-la. As cartas levaram quase quatro meses para chegar ao seu destino. Em novembro de 1943, Bronia esperava que seu marido ainda estivesse vivo em algum lugar do Leste Europeu, na Alta Silésia, em um campo de trabalho chamado Birkenau. O restante ela só saberá dezoito meses depois, porque Isaak foi um sobrevivente; em 15 de maio de 1945, ele retornou da deportação.

Isaak e Bronia são nativos de Varsóvia, na Polônia. Tomaram juntos a decisão de deixar seu país e sua família para se instalar na França, o país das luzes e dos direitos do homem, e ali dar sequência aos seus estudos. Isaak matriculou-se na faculdade de Toulouse e se formou engenheiro eletricista em outubro de 1933. A formação levou um pouco mais de tempo para Bronia, que se diplomou em medicina na universidade de Toulouse em abril de 1940.

Algumas semanas após a declaração de guerra feita à Alemanha pela França, em setembro de 1939, Isaak apresentou-se ao escritório de recrutamento militar para se alistar voluntariamente. Declarado apto ao serviço, foi designado para o posto de artilheiro no 9º regimento de infantaria polonês, baseado em Coëtquidan (no departamento de Morbihan), a partir de 20 de fevereiro de 1940. Em 23 de junho, no dia seguinte à assinatura do armistício feita por Pétain na floresta de Compiègne, Isaak foi liberado de todas as suas obrigações militares. Ele pôde voltar para casa e juntar-se a Bronia, com quem havia se casado antes de sua partida e que logo daria à luz sua primeira filha, Annie, afetuosamente apelidada de "Popi".

A pequena família instalou-se em Toulouse, na rua Delacroix, n.º 3, onde ocupava um modesto apartamento que servia tanto como moradia quanto como oficina para Isaak, que trabalhava como eletricista e reparador de radiotelégrafos. Autônomo, ele também prestava serviços para a Maison Pathéphone, cujos escritórios ficavam a algumas ruas de distância. Isaak era ávido por conhecimento e continuou a estudar, por exemplo, com o estágio de aperfeiçoamento realizado entre 1940 e 1942 para se especializar nos estudos, cálculos, desenhos de plantas e execução de linhas elétricas de alta e altíssima tensão. Isaak tinha consciência dos eventos que aconteciam no seu entorno. Paralelamente às suas ocupações profissionais e responsabilidades como chefe de família, integrou a Resistência no eixo Libération-Sud. Ele se juntou ao movimento em janeiro de 1942, na posição de agente de ligação. Foi, aliás, devido às suas atividades na Resistência que foi preso em 2 de fevereiro de 1943, caindo em uma emboscada quando buscava informações. Primeiro ele foi levado ao quartel de Compans, e duas semanas depois, transferido para a prisão de Furgole, em Toulouse. Era um lugar assustador, descrito pelo resistente Pierre Bertaux como "um edifício muito, muito velho, sustentado por paredes velhas. O ponto principal era uma maciça torre de menagem cujas paredes tinham, no topo, mais de dois metros de espessura, e talvez três na base [...]. Tão logo fomos encarcerados em

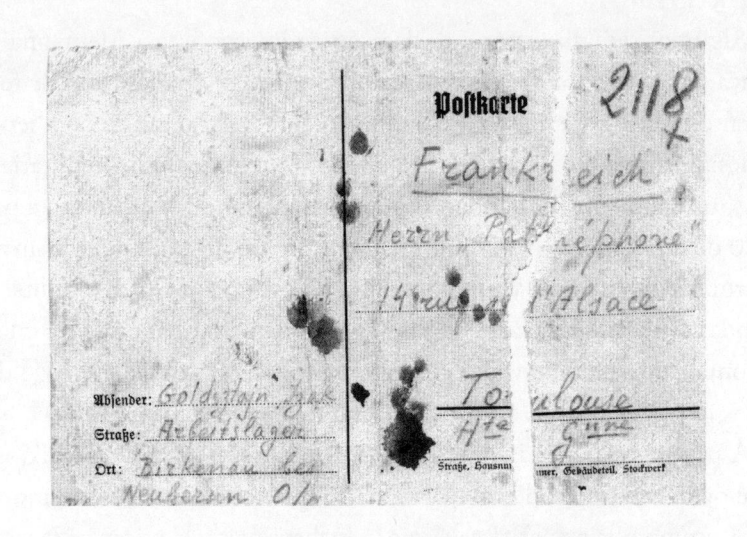

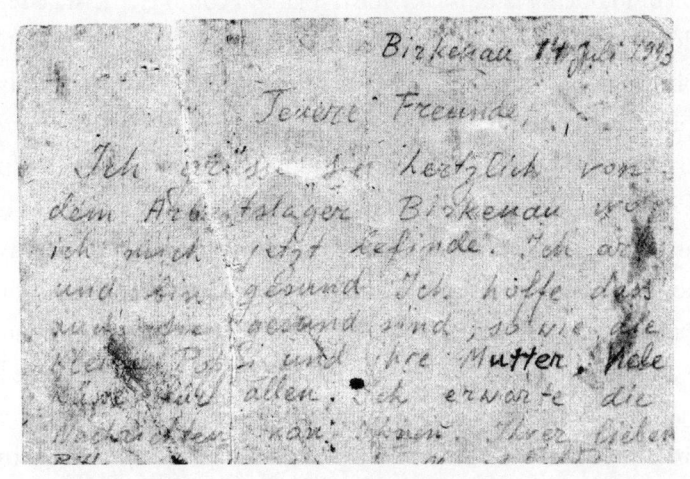

Segunda carta escrita por Isaak Goldsztajn
no campo de Birkenau.

Furgole, a esperança de sair tornou-se mínima, o sentimento de abandono penetrava até os ossos, a solidão invadia como um vidro".[11]

Em meados de abril, Isaak foi transferido de Toulouse para Paris. Desde a prisão, Bronia fez de tudo para conseguir notícias dele; bateu em todas as portas, procurou a Cruz Vermelha e os Quakers. Por fim, em 16 de abril de 1943, o representante dos Quakers em Paris lhe disse que Isaak estava na prisão militar de Cherche-Midi.* Bronia então se apressou em enviar um pacote de mantimentos a ele. Em 25 de maio de 1943, Isaak finalmente pôde lhe escrever:

> Minha querida, como você pode ver, ainda estou preso e imensamente preocupado porque não tenho notícias suas.

Já haviam se passado três meses desde que eles tinham se separado, e o envio de correspondências era difícil. Isaak não deu mais do que alguns detalhes sobre sua condição:

> Minha saúde vai bem, só emagreci um pouco, então, mande-me comida depressa.

A questão do abastecimento de comida era crucial para os prisioneiros que estavam malnutridos. Nesse caso, era preciso se virar. Enviar pacotes de Toulouse não era algo simples. Isaak encontrou uma saída com um companheiro de detenção, açougueiro de profissão, cuja esposa tinha seus métodos para fazer o envio. Ela faria os pacotes para Isaak e, em contrapartida, Bronia lhe reembolsaria os custos envolvidos. Mas, para além das preocupações materiais, era essencialmente em sua filha, Annie, que os pensamentos de Isaak se concentravam. Sua pequena Popi, que ainda não completara 3 anos e que ele esperava que não o esquecesse.

---

* A prisão de Cherche-Midi funcionou entre 1847 e 1950. Essa antiga prisão militar situava-se no *boulevard* Raspail, nº 54, no 6º distrito de Paris, e foi demolida em 1966.

Desde que chegou a Paris, Isaak, que recebia pouquíssimas notícias de sua família, nunca deixou de escrever. Através de suas correspondências, percebe-se como ele utilizava todos os meios para se comunicar com o mundo exterior. Sem a certeza de que o circuito oficial de correspondências funcionava, ele procurava outras soluções:

> Minha querida, já tentei escrever para você várias vezes, mas não sei se minhas cartas chegaram. Quanto a esta, acredito que será recebida, e você poderá me responder por meio da mesma pessoa que te entregará a carta. É a esposa de um colega, de um "zyd",* e é ela quem fará este bilhete chegar até você.

Três semanas depois, Isaak escreveu uma última vez da prisão, quando finalmente recebeu uma carta de Bronia:

> Você não faz ideia da alegria que ela me trouxe, principalmente a notícia de que minha menina não me esqueceu e que pergunta por seu querido papai.

Mas essa boa notícia foi logo encoberta por outra:

> Fui avisado hoje à noite de que amanhã de manhã irei embora daqui, mas ainda não sei para onde, dizem que é para o campo de Drancy.

De fato, embora tivesse sido preso havia mais de quatro meses e desde então tratado como criminoso, "terrorista", Isaak ainda era judeu aos olhos das autoridades da Ocupação e, como tal, foi transferido para o campo de Drancy. Ele foi registrado em 19 de junho de 1943 sob a identificação nº 22.119 e com a observação "vindo da delegacia". Nem o caderno das entradas nem a ficha estabelecida para constituir o arquivo dos detidos do

---

* "Judeu" em polonês.

campo mencionam seus períodos na prisão. Na leitura dos documentos, é como se ele tivesse acabado de ser preso e chegasse diretamente de Toulouse. Drancy era um campo de trânsito. Alguns dos detidos passavam poucas horas ali; outros, vários meses. Isaak não chegou a completar uma semana no campo, durante a qual conseguiu escrever quatro cartas. As duas primeiras são datadas do dia de sua chegada. Ele escreveu à mulher para informá-la de seu endereço e dar notícias de suas novas condições de detenção:

> Minha querida Bronia e minha Popi, já estou no campo de Drancy; quanto tempo ficarei aqui, ninguém sabe. [...] Por enquanto, estou saudável, não estou doente, só um pouco magro.

A questão da alimentação estava sempre no centro das preocupações dos detentos; era uma questão de sobrevivência. As regras no campo de Drancy eram diferentes das regras do regime carcerário:

> Para os mantimentos, tenho direito a um pacote de até 3 kg por semana, mas sem contar todas as embalagens [...]. Aqui, as latas de ferro, ou seja, [as] conservas são autorizadas, mas não os cigarros [...]. Para as roupas e os lençóis, logo te enviarei um vale especial.

Na segunda carta, datada desse mesmo dia, ele explica: "Acabei de escrever uma carta oficial", dando a entender que essa segunda missiva não o era. Mais uma vez, Isaak encontrou um meio de burlar as regras. Provavelmente foi também clandestina a carta datada de 21 de junho, quase ilegível por ter sido escrita em frente e verso de uma folha de papel vegetal. Para estabelecer comunicação com o exterior, um verdadeiro mercado paralelo surgiu para tirar do campo as missivas que não passariam pelo crivo da censura. Entretanto, as cartas de Isaak não tinham propósitos subversivos. O essencial, antes de tudo, era proteger Bronia de qualquer risco de prisão, não revelando seu endereço e, ao mesmo tempo, dando-lhe notícias. Quanto ao conteúdo, consistia sobretudo em sinceras declarações de amor para a esposa e a filha:

É muito difícil estar separado de minha pequena Popi e de você, não as ver, não poder abraçá-las, não poder ouvir minha pequena Popi viver, não vê-la brincar, não ouvi-la rir, falar, enfim, ser privado da maior alegria da minha vida. [...] Sim, minha querida, é a esperança de voltar a viver com vocês que me sustenta e me ajuda a suportar a vida atual, e espero que continue me sustentando no futuro.

Em 22 de junho de 1943, Isaak recebeu más notícias e logo as transmitiu a Bronia:

Hoje passei por um interrogatório e, a menos que aconteça um milagre, acho que partirei nos próximos dias, provavelmente ainda nesta semana. Por favor, não esquente a cabeça, há pessoas aqui que receberam notícias de parentes que foram deportados e essas notícias não são ruins, as pessoas estão trabalhando [...] e estão bem. Parece até mesmo que o número dessas pessoas que deram notícias é bastante grande e não são casos isolados [...]. No interrogatório de que falei, me perguntaram onde você morava, então dei seu endereço em Nice.

Essa carta de Isaak confirma que os detentos de Drancy estavam a par de que mensagens chegavam daqueles que tinham sido deportados antes deles. Na carta oficial que os que partiam deviam enviar às famílias, eles anunciavam sua partida no dia seguinte "para um destino desconhecido", segundo a fórmula consagrada.

Parece que chegaram notícias de pessoas que foram deportadas antes de nós, e as notícias são boas. As pessoas estão trabalhando e são alimentadas e alojadas de forma adequada.

Assim como as outras, esta última carta é endereçada a Marcel Durand, um amigo da família. Isaak tem consciência de que os nomes e os endereços dos destinatários são utilizados para promover novas prisões. Aliás, ele destaca que, durante seu interrogatório, perguntaram onde estava sua família, e ele teve a inteligência de dar uma pista falsa. Esse mês de junho de 1943 corresponde ao controle do campo de Drancy assumido por Alois Brunner, capitão da SS, auxiliar de Adolf Eichmann,* que veio em reforço a Röthke, então chefe do serviço dos Assuntos Judeus da Gestapo na França, com um comando especial de SS austríacos.

No início do mês de junho [1943], o *Hauptsturmführer* Brunner começou a se interessar mais especialmente pelo campo de Drancy. Ele foi a esse campo durante suas várias visitas e realizou pessoalmente, de forma muito breve, o interrogatório de cerca de 1.500 detentos de um efetivo total de 2.500. Essa primeira triagem dos detentos teve como consequência, em 23 de junho de 1943, a deportação de 1.002 deles para o Leste.[12]

É o caso de Isaak, que foi deportado no trem nº 55 com destino ao campo de Auschwitz-Birkenau. Diversas cartas jogadas nos trilhos pelos deportados desse mesmo trem foram encontradas e trazem informações sobre as condições do transporte.[13] Do trem, Isaak escreveu duas cartas que chegaram à sua família:

> Minha querida, escrevo rapidamente de Épernay, onde fizemos uma parada. Por enquanto, está tudo bem. Vamos para Metz e depois não sei mais, estamos sendo tratados muito adequadamente, muito mais do que eu poderia imaginar.

Uma segunda carta, escrita em Revigny (departamento de Meuse), completa:

---

* Nascido no ano de 1906 em Solingen, Adolf Eichmann, *Obersturmbannführer* da SS encarregado dos Assuntos Judeus da Gestapo do Reich, era responsável pela logística da Solução Final.

Escrevo mais uma carta do caminho, a viagem vai bem. Está tão quente que mantemos as portas e janelas abertas, então você pode ver que por enquanto não estamos tão mal.

Isaak pretendia tranquilizar a esposa, mas suas palavras certamente não correspondiam à realidade das condições de transporte que foram relatadas em outros depoimentos: o calor, a superlotação que impedia os deportados de se sentar e menos ainda de se deitar, os odores nauseabundos dos baldes que serviam para que fizessem as necessidades, todos esses detalhes Isaak deixou de lado para não preocupar Bronia.

Não sabemos quando e como essas cartas, sempre endereçadas a Marcel Durand, chegaram até Bronia, mas certamente foi graças à generosidade dos habitantes próximos às ferrovias que se encarregaram de fazê-las chegar aos seus destinatários.

Na chegada a Birkenau, Isaak fez parte do grupo de 383 homens e 217 mulheres selecionados para o trabalho. Como estava na faixa etária adequada, sozinho, e também talvez devido às suas qualificações de engenheiro, ou simplesmente porque, naquele dia, a necessidade de mão de obra era superior a outras razões, Isaak recebeu a identificação nº 126.002.

Em Birkenau, Isaak foi autorizado – ou obrigado – a escrever duas cartas, ambas datadas de 14 de julho de 1943, isto é, pouquíssimo tempo após sua chegada ao Leste. Elas indicam, como endereço do campo, *Arbeitslager Birkenau bei Neuburn O/S. Block 14 B*, mas o número de identificação que foi atribuído a Isaak em Auschwitz não consta nelas.

O conteúdo das duas cartas é idêntico. A primeira, registrada ao chegar ao escritório da UGIF sob o nº 1.530, é endereçada a Marcel Durand, avenue Jean-Rostand, nº 8, em Toulouse. O texto, redigido em alemão, é sucinto:

> Meu caro,
> Escrevo do campo de trabalho de Birkenau, onde me encontro neste momento. Estou bem de saúde, trabalhando e à espera de

notícias suas. Espero que a pequena Popi e a mãe dela estejam bem, assim como nossos outros amigos. Muitos beijos para você, para a pequena Popi, para a mãe dela e para os amigos. Por favor, responda depressa.

A segunda carta é datada do mesmo dia, mas endereçada à Maison Pathéphone. Ela foi registrada sob o nº 2.118:

> Caros amigos,
> Trago meus calorosos cumprimentos do campo de trabalho de Birkenau, onde me encontro neste momento. Estou trabalhando e bem de saúde. Espero que vocês também estejam bem, assim como a pequena Popi e a mãe dela. Muitos beijos para todos. Aguardo notícias. De seu caro
> Por favor, respondam depressa.

Assim como fez nas correspondências enviadas de Drancy, Isaak tomou o cuidado de não indicar o endereço de Bronia, que, junto com Annie, encontrou esconderijo na cidade de Salies-du-Salat, situada do departamento de Alto Garona. A carta foi registrada pelo escritório da UGIF somente em 25 de outubro de 1943. Logo após, ela seguiu seu percurso até Toulouse, acompanhada do comunicado circular redigido pela UGIF, que informava ao destinatário que uma carta lhe tinha sido enviada e sobre as formalidades a cumprir para enviar uma resposta. Esse documento é datado de 2 de novembro de 1943. Com certeza, foi um enorme alívio para Bronia finalmente receber notícias, uma prova de vida, de seu esposo que fora deportado quatro meses antes.

Além da circular, a UGIF fornecia uma ficha a ser anexada, na qual constava que seu detentor era autorizado a enviar uma resposta pelo correio duas vezes por mês. Graças ao arquivo criado pelo serviço nº 36 para a gestão dessas correspondências, sabemos que, após o recebimento das cartas de Birkenau, várias respostas foram enviadas para Isaak. Ao todo, foram catorze envios, o primeiro em 8 de novembro de 1943 e o último em

20 de junho de 1944. É pouco provável que algum dia ele tenha recebido essas cartas, pois elas nunca foram mencionadas. Apesar de Bronia nunca ter parado de mandar notícias, da parte de Isaak, o silêncio imperou mais uma vez. Foi apenas após sua libertação e seu retorno da deportação que sua esposa pôde preencher o vazio que ficou.

Isaak ficou em Birkenau até outubro de 1943. Em seguida, foi transferido para o *Konzentrationslager* de Varsóvia, onde os detentos, selecionados exclusivamente entre os judeus deportados dos países da Europa Ocidental, eram encarregados de remover as ruínas do antigo gueto, resultado da repressão nazista ao levante de abril de 1943. Ele permaneceu ali até a evacuação do campo, decidida em razão do avanço do Exército Vermelho, pouco antes da revolta de Varsóvia pela resistência polonesa, em agosto de 1944. Após várias semanas de caminhada, Isaak e seus companheiros chegaram a Mühldorf, um campo dependente de Dachau. Ele ficou ali até março de 1945 e então, mais uma vez, evacuou; os SS fugiam diante do avanço das tropas aliadas. Novamente na estrada, desta vez em direção a Munique, Isaak aproveitou uma oportunidade para fugir. Ele foi resgatado por um grupo de prisioneiros de guerra franceses, que tomou conta dele antes da libertação feita pelas tropas americanas.

Isaak voltou a Paris de avião. Pouco após sua chegada ao aeroporto de Le Bourget, ele recebeu um vale-transporte que lhe permitiu, em 15 de maio de 1945, pegar um trem da estação de Austerlitz até sua casa, em Toulouse.

Isaak não deu depoimentos e falou muito pouco sobre sua deportação. Ele nunca mencionou a existência dessas cartas nem as condições em que foram escritas.

Ele faleceu em 2 de maio de 2002.[14]

Carta escrita por Georges Joffé
no campo de Birkenau.

A UGIF fornecia aos destinatários uma ficha
que deveria ser anexada à resposta.

GEORGES
JOFFÉ

Paris, 31/12/1942, 11h.
Caros amigos,
É de trás das grades que lhes escrevo. Liliane está comigo e estamos aguardando para ir a Drancy, o paraíso terrestre. Digam a Anny que estou confiante. Ela certamente vai telefonar. Fomos presos em Nation devido à questão dos judeus. Digam a todos que mandamos abraços.
Georges
Estou muito confiante. Tenham coragem.

Em 31 de dezembro de 1942, Georges Joffé, um jovem esperto de 18 anos, foi preso com sua irmã Liliane, dois anos mais nova, durante uma fiscalização de identidade na estação de metrô Nation. Eles foram presos pela "questão dos judeus": o real motivo foi o não cumprimento da lei alemã de 28 de maio de 1942, que obrigava todos os judeus de mais de 6 anos a carregar a estrela amarela. Graças à cumplicidade solidária de um agente da polícia, Georges conseguiu avisar seus amigos redigindo algumas palavras no verso de um documento publicitário. Ironia do destino, era um folheto da Loteria nacional que informava que o sorteio especial "Árvore de Natal 1942" aconteceria em 2 de janeiro de 1943, no Palácio dos Esportes, no *boulevard* de Grenelle – simplesmente o Velódromo de Inverno, que voltou a assumir sua função principal seis meses após a detenção de cerca de 8 mil pessoas em condições dantescas, no que passou a se chamar "Rusga do Velódromo de Inverno". Aliás, foi durante essa rusga, ocorrida em 16 e 17 de julho de 1942, que os pais de Georges e Liliane foram presos.* É pouco provável que eles tenham passado pelo Velódromo de Inverno, já que os casais sem crianças eram levados diretamente para o campo de Drancy. Eles permaneceram ali por muito pouco tempo, mas conseguiram enviar algumas correspondências aos filhos.

Em uma primeira carta que não é datada, Frouma informa que está em Drancy com seu marido. Preocupada com seus filhos, com os vizinhos e com os outros membros da família, ela quer tranquilizá-los:

> Não esquentem a cabeça conosco. Encontrei pessoas muito corajosas, os dias passam depressa e fazemos algumas piadas.

Outras duas cartas chegaram às crianças; uma delas é assinada por Gemeich-Henri, mas certamente não escrita por ele, em que anuncia sua partida "para um destino desconhecido [...]. Estamos confiantes e corajosos, esperamos o mesmo de vocês". Nesse mesmo dia, Frouma também escreveu uma última vez. Seu tom é mais próximo:

> Meus queridos filhos, escrevo para me despedir. Amanhã partirei com seu pai para um destino desconhecido.

Os dois estavam preocupados com seus filhos, especialmente com Georges: "Eu gostaria de saber se Georges está trabalhando"; "Espero que você esteja cuidando de tudo e que seja maduro, que saiba o que precisa fazer. Fiquem juntos". A mensagem é clara: os filhos devem tomar as rédeas da situação, cuidar de tudo e ajudar um ao outro. Henri e Frouma foram

---

* Gemeich, também chamado de Henri Joffé, nascido em 20 de março de 1897 na Rússia, e Frouma, nascida em 23 de março de 1902 em Riga (Letônia).

deportados no trem nº 10, que saiu da estação de Bourget-Drancy em 24 de julho de 1942. Nenhum dos dois retornou da deportação.

Cinco meses depois, chegou a vez de os dois membros mais jovens da família serem presos. Em Drancy, onde foi detido sob o número de identificação 18.235, escada 22, quarto 2, Georges não abre mão do humor nas cartas que envia para sua irmã:

> Cara irmã, como você deve saber, estou em Drancy. Não estamos nada mal aqui [...].

Liliane, de sua parte, é mais comedida nas palavras, mas também deseja tranquilizar sua irmã e fazê-la ficar atenta a possíveis prisões:

> Tenham cuidado, porque todos os dias recebemos convidados vindos de toda parte.

A família Joffé instalou-se em Montreuil-sous-Bois, na periferia parisiense. Eles viviam de maneira humilde: o pai, Henri, exerceu sucessivamente as profissões de vendedor de antiguidades, auxiliar de obra e mecânico no setor têxtil, enquanto Frouma, sua esposa, cuidava do lar. Georges nasceu no hospital Rothschild, em Paris, no dia 11 de fevereiro de 1924, e sua irmã, Liliane, dois anos depois. Quando cresceram, passaram a contribuir para o sustento da família por meio do trabalho como mecânicos-operários no setor têxtil. A irmã mais velha, Fanny, estava noiva e já havia deixado a família. É para ela que Georges e Liliane enviam algumas cartas do campo de Drancy.

Em 28 de janeiro de 1943, Georges escreveu:

> Estou confiante, e os acontecimentos também são positivos. Espero que tudo esteja chegando ao fim. Quanto à mamãe, ao papai e à senhora Jablonka,* deixe conosco, porque recebemos a

---

* A senhora Jablonka é mãe do noivo de Fanny.

lista das cartas que são enviadas para a UJF [UGIF], enfim, tenho muita esperança; segundo o que dizem por aqui, eles estão trabalhando e se alimentando em fábricas ou campos na Alta Silésia.

Essa menção faz alusão direta às cartas recebidas dos campos pelos deportados dos trens anteriores.

Após seis semanas de detenção, em 12 de fevereiro de 1943, tanto Georges quanto Liliane escrevem uma carta à irmã para comunicar sua partida, prevista para o dia seguinte.

Georges:

> Cara Anny, trago uma má notícia. Seremos deportados para um destino desconhecido, encontraremos mamãe e papai. Peço que você seja muito corajosa, não falta muito tempo.

A mensagem de Liliane é idêntica, mas no espaço reservado para o endereço do remetente, ela indicou: "Senhorita Liliane Joffé, Identificação 18.236, em Pichipaulle les Bains".* A censura não reagiu a esse último resquício de humor.

Liliane e Georges deixaram Drancy em 13 de fevereiro de 1943 no trem nº 48, composto exclusivamente de judeus franceses. Entre os mil deportados, oito conseguiram escapar antes de passar pela fronteira entre a França e a Alemanha, mas Georges e Liliane não estavam entre eles e chegaram a Auschwitz-Birkenau em 15 de fevereiro, no auge do inverno. Na rampa, 144 homens e 167 mulheres foram selecionados para o trabalho.

Não temos nenhuma informação a respeito do destino de Liliane, mas não é esse o caso de seu irmão. Uma carta datada de 13 de abril de 1943, assinada por Georges, chegou à França. Ao endereçá-la a seu pai, deportado antes dele, em sua residência em Montreuil, ele demonstrou

---

* "Pichipaulle" faz referência a *Pitchipoï*, palavra iídiche utilizada pelos detentos para designar o destino desconhecido dos trens de deportação. Em iídiche, *Pitchipoï* significa "campo perdido" ou "belo lugar".

perspicácia e evitou provocar a prisão de sua irmã onde quer que ela tivesse se escondido. Assim como todas as cartas, o texto, redigido em alemão, é muito sucinto:

> 13.4.43
> Meus caros,
> Estou saudável e bem, e imagino que vocês também. Estou trabalhando aqui e nada me falta. Mando lembranças aos meus conhecidos e camaradas. Estimadas saudações.
> Joffé Georges

Embora realmente tenha sido Georges que assinou a carta, não foi ele quem a redigiu. A caligrafia não é a dele. Certamente, ele pediu ajuda a um companheiro, porque não sabia alemão. Essa carta não foi registrada pela UGIF; ela não traz número de registro e não consta no arquivo. Entretanto, chegou às mãos de Fanny.

Outras três cartas foram escritas por Georges para três destinatários diferentes; todas foram registradas em 12 de outubro de 1943, sob os números 1.066, 1.067 e 1.068. Infelizmente, elas não foram conservadas. Um dos destinatários, chamado Joseph Quiroga, residia no mesmo endereço da família Joffé. É provável que ele tenha transmitido a carta a Fanny, acompanhada das orientações da UGIF para a resposta. De fato, um rascunho datado de 19 de outubro de 1943 responde a Georges:

> Meu caro irmão, recebi o postal que você me enviou. Estamos todos bem. Casei-me há dois meses. Quero saber se você tem notícias de nossos pais. Recebemos boas notícias de Rosette e Jacques. Peço que responda depressa. De sua Fanny.*

---

* A tradução é aproximada porque, segundo o tradutor, a pessoa que escreveu a carta não era germânica e trata-se de uma mistura entre o alemão, o iídiche e o francês.

Outros dezoito envios são mencionados na ficha da UGIF, entre 18 de outubro de 1943 e 24 de junho de 1944, mas não há nada que permita afirmar que essas cartas chegaram a ser entregues.

Georges foi registrado em Auschwitz com o nº 102.417. Essa informação figura em uma lista de prisioneiros do bloco 12, infelizmente não datada, que foram vacinados contra a febre tifoide. Os detentos que tiveram direito a esse tratamento geralmente eram designados a *kommandos* de trabalho considerados prioritários.[15] São os únicos indícios da passagem de Georges Joffé por Auschwitz. Ele não retornou da deportação, assim como sua irmã Liliane e seus pais.[16]

Carta escrita por Lucien Bloch e lançada do trem de deportação que saiu de Compiègne em 7 de julho de 1942.

LUCIEN
BLOCH

Não temos a carta que Lucien Bloch escreveu no campo de Birkenau e enviou aos pais, mas a ficha a ser anexada à resposta, fornecida pela UGIF, foi conservada.

Lucien Bloch nasceu em 28 de junho de 1906, em Haguenau. Seus pais, Léonce e Anna, estão entre os milhares de judeus que fugiram da Alsácia e encontraram esconderijo em Bergerac, no departamento de Dordonha.[17]

Já Lucien vivia em Bordeaux. Ele exerceu diferentes ofícios, esforçando-se para conseguir trabalho; até chegou a ir a Paris em agosto de 1942 para ser contratado. Tendo as expectativas frustradas, porém, voltou para Bordeaux em 20 de agosto.

Com 36 anos e solteiro, Lucien era muito próximo de seus pais e mantinha contato regular com eles. Em suas cartas, buscava passar uma sensação de tranquilidade e, sempre que podia, enviava um vale para melhorar o dia a dia deles, que eram muito idosos para trabalhar e possuíam recursos escassos.

> Bordeaux, 12/05/1941
> Queridos pais,
> Recebi sua carta e fiquei feliz em saber do nascimento de minha nova sobrinha. Eu estou bem de saúde, mas o trabalho deixa a desejar. Fiz os procedimentos para conseguir visitá-los, mas foi

impossível. Já estou esperando [há] algum tempo a autorização para lhes mandar um vale novamente. Digam a Lucie e Joseph que mandei um oi.

Mil beijos, Lucien

Paris, 04/08/1941
Queridos pais,
Estou em Paris há alguns dias para procurar trabalho. Mas está muito difícil e a vida aqui é mais cara que no interior. Estou pensando em voltar para Bordeaux na semana que vem. Encontrei muitos alsacianos que se instalaram bem aqui. Em breve farei o procedimento para voltar para a zona livre. Imagino que todos vocês estejam bem, recebam meu abraço.

Lucien

Em 12 de agosto, ele escreveu de Bordeaux:

Queridos pais, em breve enviarei um pequeno vale, além de um pacote para a pequena. Escrevam-me assim que os receberem. [...]

Algumas semanas após seu retorno de Paris, em 22 de setembro, Lucien foi preso em Castillon, uma cidade localizada a cerca de cinquenta quilômetros a oeste de Bordeaux. É onde passa a linha de demarcação que separa a zona ocupada da zona livre. Foi esse o motivo alegado para sua prisão. Qual era o destino de Lucien estando mais uma vez sem trabalho? Talvez ele tenha tentado fazer uma visita a seus pais.

Por ter tentado cruzar a linha de demarcação ilegalmente, Lucien foi julgado, condenado e preso, primeiramente em Libourne e, depois, enviado para o campo de Beaudésert, localizado em Mérignac, aonde chegou em 2 de outubro de 1941. Transferido para o forte de Hâ, em Bordeaux, ele finalmente pôde escrever para seus pais:

Forte de Hâ, 20 de dezembro de 41
Cela 48, seção alemã
Bordeaux

Queridos pais,
É com lágrimas nos olhos que acabo de receber os mantimentos que vocês me enviaram. Agradeço infinitamente.
Fui preso em 22.9.41, em Castillon, por ter ultrapassado a linha de demarcação para me juntar a vocês. Por esse motivo, fiquei uma semana na prisão, e de lá me mandaram para um campo de concentração e, por fim, uma semana depois, para o forte do Hâ. Ainda não sei por que não me libertaram como todo mundo.
Querido pai, peço que envie a Feldkommandantur [...] um pedido de perdão com base nos serviços que você prestou a ele entre os anos 14-18 [...].

Tão logo soube da prisão, Léonce tentou de todas as formas conseguir notícias e a libertação do filho. Dirigiu-se a todas as autoridades alemãs e francesas: o *Kreis-kommandanten* em Bordeaux, o prefeito da cidade, o grande rabino de Bordeaux, e até mesmo Pierre Pucheu, ministro secretário de Estado do Interior. Ele pediu "um sinal de vida de nosso único e pobre filho". Por fim, foi graças ao senhor Grouet* que, em 12 de dezembro de 1941, conseguiu obter informações sobre a localização do filho e pôde lhe escrever e enviar mantimentos.

Mais de quatro meses após sua prisão, Lucien foi transferido para o campo de Compiègne-Royallieu, o *Frontstalag 122*, que ficava no departamento de Oise, a cerca de cinquenta quilômetros de Paris. Assim que pôde, escreveu para seu pai:

---

* O senhor Grouet residia na rua du Hâ, nº 54, em Bordeaux. Não sabemos quais eram as ligações que os uniam.

Compiègne, 16 de fevereiro,
Queridos pais, estou em Compiègne desde 9 de fevereiro, com excelente estado de espírito e saúde. Enviem-me por via expressa (ferrovia) uma camisa azul-escura, meias, cueca, cachecol, itens não perecíveis e principalmente pão. Minha faca e tabaco. Posso receber quatro cartas por mês. Espero que vocês também tenham recebido notícias de Bordeaux e que tudo esteja bem em casa.
Sommer, filho de Haguenau, e vários alsacianos estão aqui.
Muitos beijos,
Lucien

O nome de Lucien não consta nas listas de passageiros dos trens de deportação; no entanto, sabemos exatamente a data de sua partida para Auschwitz, porque ele escreveu uma última missiva e a jogou do trem de deportação, pedindo à pessoa que a encontrasse que a fizesse chegar a seus pais:

Queridos pais, serei deportado para a Alemanha. Pensarei em vocês a todo o tempo, fiquem firmes, estou confiante.
Lucien

A carta é de 7 de julho de 1942, data que corresponde à partida do chamado "trem dos 45 mil", onde embarcaram, como medida de repressão, deportados políticos (resistentes e opositores) e cerca de cinquenta judeus. Lucien era um deles.[18]

O trem chegou a Auschwitz-Birkenau no dia 8 de julho. Lucien foi identificado como judeu, como prova a carta que ele enviou ao pai, escrita no âmbito da *Brief-Aktion* e transmitida à UGIF.

Ela não foi encontrada, mas seu conteúdo certamente foi similar ao de todas as outras da operação. Em contrapartida, temos à disposição os muitos procedimentos feitos por Léonce, que deixaram inúmeros vestígios.

De acordo com as fichas conservadas no DAVCC, a carta escrita por Lucien trazia o nº 208 e chegou ao escritório da rua Jean-Baptiste Pigalle em 8 de março de 1943, ou seja, oito meses depois de sua deportação para Auschwitz. Como mandava o processo, ao receber a correspondência de Lucien, a UGIF fez seu registro antes de enviá-la ao destinatário, Léonce. A essa carta foi anexado o documento com as orientações para enviar respostas, assim como uma ficha redigida da seguinte forma:

> Esta ficha autoriza seu portador a enviar uma carta-resposta para Bloch Lucien, do campo de Birkenau, em um prazo de uma semana após seu recebimento. Paris, 14 de março de 1943.

A correspondência chegou às mãos de Léonce, que se apressou para enviar uma resposta ao filho, do qual não tinha notícias desde 6 de julho de 1942, data de sua deportação. Dominando perfeitamente o alemão, não foi difícil para Léonce submeter-se às orientações: ele escreveu sete vezes para Lucien.

Cuidadoso, ele conservou uma cópia de cada carta que escreveu. Dessa forma, podemos ler o rascunho de uma datada de 12 de abril e enviada à UGIF:

> Prezado, tendo recebido sua estimada carta de 1º de abril, envio-lhe novamente uma carta para meu filho preso (*Arbeitslager Birkenau bei Neuburn*) pedindo-lhe encarecidamente que a transmita a ele.
>
> Agradeço de antemão. Queira receber, prezado senhor, meus melhores cumprimentos.

Léonce seguiu escrupulosamente as regras que lhe foram dadas, obedeceu às datas de envio e demonstrou grande respeito para com o representante da UGIF. No entanto, apesar de todos esses cuidados, ele continuou sem notícias de seu único filho.

Segundo um companheiro deportado com ele, Lucien deixou Auschwitz-Birkenau em outubro de 1944 com um grupo de 180 detentos e nunca voltou a ser visto.

Na ficha de Lucien Bloch, conservada nos arquivos do SHD, há uma carta que Léonce encaminhou ao Serviço de Pensões, em fevereiro de 1946,[19] dando alguns detalhes a respeito da prisão e deportação de Lucien e pleiteando o título de dependente para seu filho desaparecido. "Desde aquele dia [da deportação], nunca mais tive nenhum sinal de vida do meu filho e toda a esperança de que ele ainda estava vivo desapareceu." Cerca de um ano após o retorno dos deportados, Léonce perdeu totalmente a esperança de que o filho voltasse, mas não mencionou as últimas notícias que recebeu dele em março de 1943.[20]

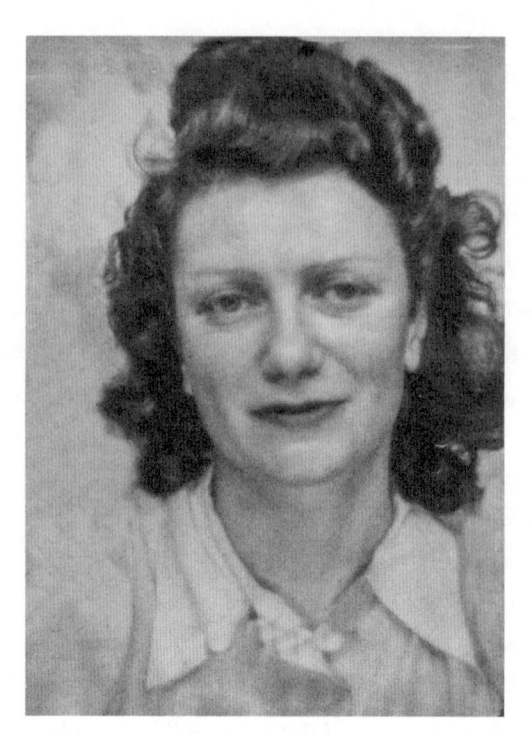

BERTHE FALK,
1946

BERTHE
FALK

Descobri a história de Berthe Falk por acaso, enquanto buscava os arquivos daquela que se tornaria sua cunhada, Suzanne Waligora. As duas mulheres foram deportadas e retornaram, mas as semelhanças param por aí.

Suzanne, nascida em Rodez em 1929, foi deportada em maio de 1944, nos últimos meses da Ocupação. Ao retornar, casou-se com Joseph Falk, irmão caçula de Berthe.

Berthe Falk é bem mais velha que Suzanne. Ela nasceu na Romênia, assim como seu irmão, na pequena cidade de Galaţi, em 9 de setembro de 1911. Tendo ido à França para estudar na área científica, foi aprovada com sucesso nas provas para o certificado de estudos superiores em química geral, química biológica, química aplicada e mineralogia, obtendo o título de graduação em ciências. Solteira, vivia na avenida de Suffren, nº 147, no 15º distrito de Paris. Quando seu irmão Joseph trocou Paris, em 1940, pela região de Lyon para integrar a Resistência, Berthe ficou na capital e continuou a trabalhar. Eles trocaram correspondências regularmente, enviando notícias de sua vida e de seus amigos. Porém, em julho de 1942, Berthe foi presa e detida no Velódromo de Inverno, como informa a ficha criada na sua chegada ao campo de Pithiviers, em 21 de julho de 1942. Por que Berthe foi enviada para o Velódromo de Inverno se as solteiras sem filhos eram em princípio levadas diretamente para o campo de Drancy? A hipótese mais provável é bastante simples: a residência de Berthe era muito próxima do Velódromo de Inverno e ela não passaria por nenhum outro centro de confinamento.*

No dia 30 de julho, menos de uma semana após sua chegada a Loiret, Berthe foi deportada no trem nº 13 com destino à Alta Silésia. Era o auge do verão e o calor era sufocante. Ela chegou ao campo de Auschwitz-Birkenau após 48 horas em um vagão de gado com dezenas de outras pessoas. Havia pouquíssimo pão, nada para beber; as condições eram assustadoras. Mal descera do vagão, Berthe recusou a oferta que lhe foi feita de continuar o percurso em um caminhão. Apesar do cansaço, preferia caminhar. Ela soube mais tarde que seus companheiros que haviam escolhido subir nos caminhões foram levados diretamente para a câmara de gás.

Entrevistada na Liberação por uma jornalista, Berthe relatou seu calvário diário:

> A morte era a atividade principal nesses campos, dos quais Auschwitz era o principal. Todo o resto, a construção de estradas, os trabalhos de drenagem, de terraplanagem e de plantação, não passava de uma "encenação". O medo, a fome e o cansaço eram onipresentes. Não ter a possibilidade de satisfazer um estômago vazio ou de dormir suficientemente era uma sensação terrível. Pior ainda era estar completamente à mercê dos cruéis, cínicos e imprevisíveis soldados da SS.**

No campo, os dias eram infindáveis, o trabalho era difícil e os guardas, exigentes. As mulheres geralmente faziam o mesmo trabalho que os homens. Era proibido falar com eles, mas algumas palavras eram trocadas às vezes,

---

* Durante a Rusga do Velódromo de Inverno, centros de confinamento foram criados em cada distrito. De lá, as pessoas detidas eram triadas e transportadas de ônibus segundo cada caso: famílias e adultos com filhos menores de 15 anos eram enviadas para o Velódromo de Inverno e as outras pessoas eram levadas para o campo de Drancy. O caso de Berthe é uma exceção.

** Cópia datilografada de um artigo intitulado "Life in Auschwitz" e dirigida ao sargento Lichtenberger. Não sabemos se o artigo foi publicado no *Stars and Stripes*, jornal das Forças Armadas dos Estados Unidos.

desafiando as ordens de seus carrascos, que só reforçavam a solidariedade entre os dois sexos.

As semanas e os meses passavam muito lentamente, mas, no verão de 1943, após um ano de trabalho extenuante, uma grande mudança ocorreu na vida de Berthe. Os soldados da SS descobriram que em Paris ela exercia a profissão de química. Ela foi transferida para o *kommando Pflanzenzucht* em Rajsko, que explorava uma centena de mulheres, em sua maioria biólogas, botânicas e químicas, e que reunia um grande número de francesas.[21] Ali explorava-se uma planta descoberta pelos alemães quando adentravam a URSS, chamada kok-saghyz,* cuja raiz secreta um látex rico em borracha de excelente qualidade. Grandes estufas foram construídas e uma dezena de hectares foram semeados. Inúmeros detentos trabalhavam no cultivo da terra, mas os botânicos e os químicos foram instalados em laboratórios muito bem equipados para estudar a planta, a fim de maximizar seu rendimento. A equipe na qual Berthe trabalhava era dirigida pela chefe do laboratório, a senhorita Lugovoy, sob a direção do *Obersturmbannführer* Caesar.

Supervisionadas por pessoas cientificamente pouco competentes, Berthe e suas colegas podiam fazer sabotagens, entregando resultados propositalmente incorretos. As condições de trabalho nesse *kommando* eram muito mais suportáveis que o destino reservado às companheiras que ficaram no campo de Birkenau, mas, ao menor sinal de descompostura, a ameaça de repressão se fazia permanente. Foi exatamente o que aconteceu com Berthe, que foi punida por ter escrito um texto no qual expressava seu sonho de uma França liberta da Alemanha nazista derrotada. Ela soube da notícia do desembarque aliado em Provence e começou a contar com o fim próximo de seu pesadelo. Essa bobagem quase lhe custou a vida. Suas anotações foram descobertas e Berthe foi enviada para um *kommando* disciplinar por várias semanas; ela só não morreu graças à intervenção do soldado da SS responsável pelo laboratório.

No *kommando* disciplinar, as jornadas de trabalho eram de quinze horas, e ali imperava uma fome ainda pior que a do resto do campo. Berthe

---

* Comumente conhecida como "dente-de-leão russo". (N. T.)

reencontrou seus companheiros de Rajsko apenas quando estavam prestes a serem evacuados em direção a Ravensbrück. Em março de 1945, após vários meses de trabalho no laboratório do hospital do campo, ela foi transferida novamente, agora para Mauthausen. Berthe aproveitou a confusão após um bombardeio aéreo para tentar fugir. Muitos de seus companheiros morreram, e ela mesma foi ferida e acordou no hospital. Alguns dias depois, Berthe, que mal conseguia ficar de pé, e seus camaradas foram acordados pelos guardas da SS, que ordenavam a todos os franceses, belgas e holandeses que se vestissem e se preparassem para partir. Ela temia ser novamente enviada para outro campo, mas um estrangeiro se apresentou falando francês. Era um médico suíço, representante da Cruz Vermelha, que informou aos prisioneiros que eles estavam livres e que logo iriam embora. Eles foram levados em direção à Suíça em caminhões brancos que traziam uma cruz vermelha. Naquele 24 de abril de 1945, Berthe dirigia-se rumo à liberdade. Quatro dias depois, estava em Paris.

Sua primeira carta, escrita do campo de Auschwitz-Birkenau, data de 15 de junho de 1943, quase um ano após sua deportação. A UGIF a registrou com o nº 2.020, inscrito em lápis azul na parte frontal, no canto superior direito. Infelizmente, a ficha criada pela UGIF não consta dos arquivos do DAVCC e, para saber precisamente em que dia a carta de Berthe chegou à França, é preciso verificar as correspondências que trazem os números de registro imediatamente anterior e sucessor. Isso nos permite identificar que a primeira carta de Berthe chegou em 25 de outubro de 1943. A segunda traz o nº 2.894; utilizando o mesmo método, sabemos que ela chegou a Paris em 29 de novembro de 1943.

Não havia muitas chances de que as cartas chegassem às nossas mãos. Elas não estavam endereçadas ao seu irmão Joseph, mas a uma amiga, Anne-Marie Erschinger, que morava na casa da senhora Souchier, em Aouste, no departamento de Drôme.*

---

* Provavelmente, trata-se da comuna Aouste-sur-Sye.

15 de junho de 1943

Minha querida Anne Marie,

Estou bem e espero em breve receber a mesma notícia vinda de você. Eu adoraria saber como está a família de Thilde. Escreva-me como você está e como tem passado. Tudo o que vem de vocês me deixa feliz. Dê um abraço em Otti e em seus irmãos e irmãs. Recebam o abraço de sua

Bertha

25/X/1943

Minha grande Anne-Marie, como estou contente em escrever para você, embora não tenha recebido nenhuma resposta para meus 5 cartões-postais. Espero que você e sua família estejam bem, mas sabê-lo por você me encheria de alegria. Também não tenho notícias da família de Thilde. Penso sempre em todos vocês, quanto ao resto, vou bem. Obrigada pelos ótimos pacotes de comida, enviados através da Cruz Vermelha, que chegam em bom estado. Minha cara Anne-Marie, em meus pensamentos e em meu coração, me vejo ao seu lado, e como é belo! Responda em alemão – mande um abraço a todos os que me são caros, e para você envio o mais respeitoso beijo.

Berthe

As duas mulheres mantiveram contato após a guerra. Uma carta escrita por Anne-Marie é datada de 17 de dezembro de 1945:

Minha cara amiga,

Nesta manhã, sua afetuosa carta me levou às lágrimas. Você significa para mim tantas boas lembranças: você, minha mãe, o laboratório, Paris... Um período do outono de minha vida que eu acredito que tenha acabado para sempre. Um período tão feliz e fácil antes da guerra [...].

Foi mesmo Anne-Marie que as entregou ou ela as tinha encaminhado para Joseph?

Junto às cartas escritas em alemão havia comprovantes de pacotes postais endereçados a Berthe Falk; *Arbeitslager Birkenau bei Neuburn, Oberschlisen*. Eles trazem as datas 7, 15 e 26 de janeiro de 1944. O nome do remetente não é mencionado. Nenhum documento nos permite saber se algum desses pacotes chegou às mãos de Berthe, que nessas datas estava no *kommando* de Rajsko. Ela pôde desfrutar de alguma oportunidade, de alguma cumplicidade de um companheiro? São questões que nunca lhe foram feitas.

Desde que retornou dos campos, ela integrou a Associação de Auschwitz. Em 2 de agosto de 1946, obteve uma ordem de missão emitida pelo Ministério dos Antigos Combatentes e Vítimas de Guerra para ir a Baden-Baden e à Romênia, a fim de conduzir pesquisas sobre deportados que ainda estivessem naqueles locais. No ano seguinte, fez parte das testemunhas francesas presentes no julgamento de Auschwitz, na Cracóvia.

Berthe faleceu de câncer em 1948, três anos depois de sua libertação.[22]

MENDEL APTEKIER (à esquerda) e seu irmão Salomon,
por volta de 1940.

MENDEL-MARCEL
APTEKIER

A família Aptekier vivia em Paris e trabalhava no ramo de peles. O pai, Joseph, nascido em 15 de outubro de 1893 em Wysokie, na Polônia, casou-se com Bajla Kafenbaum, que lhe deu quatro filhos: Mendel e Salomon, nascidos em Varsóvia, e Jacques e Albert, nascidos em Paris.

Os Aptekier deixaram a Polônia e as perseguições antissemitas em fevereiro de 1924 para tentar uma vida melhor na França, país dos direitos humanos e da liberdade. Eles ainda não sabiam do pesado tributo que teriam a pagar em sua nova pátria.

Mendel nasceu em 4 de fevereiro de 1920 e passou a ser chamado de "Marcel". Ele vivia com seus pais e irmãos em um pequeno apartamento parisiense situado na rua du Château d'Eau, nº 27, no 10º distrito, a dois passos da estação de trem Gare de l'Est.

Salomon, apelidado de "Simon", nasceu em 22 de julho de 1921. Serviu no exército francês e seus feitos lhe valeram uma condecoração.* Simon ainda não tinha 20 anos quando recebeu a convocação de apresentação para o "exame da situação" em 14 de maio de 1941 no ginásio Japy, no 11º distrito. Essa rusga por convocação, chamada de "Rusga do bilhete verde",

---

* Simon-Salomon Aptekier, alistado voluntário, ferido pela explosão de uma granada em 12 de junho de 1940, recebeu a cruz de guerra com menção da ordem do regimento por ter "se comportado brilhantemente perante o perigo".

foi a primeira das grandes operações de prisão de judeus que aconteceriam em Paris entre 1941 e 1944.* Os 3.710 homens detidos foram transferidos no mesmo dia para os campos de Loiret, Pithiviers e Beaune-la-Rolande.

Preso no campo de Pithiviers, no alojamento 12, ele aproveitou a primeira oportunidade para fugir e retornar a Paris no mês de agosto de 1941. Algumas semanas depois, deixou a capital e foi para Lyon, onde integrou a Resistência.

Na Rusga do Velódromo de Inverno, Joseph, Bajla e seus filhos mais novos esconderam-se na casa de Yvonne Peltel, uma mulher católica viúva de um judeu polonês falecido antes da guerra. Ela tinha inúmeros amigos e conhecidos judeus e um grande coração. Em seu apartamento no 3º distrito, recebeu várias famílias, salvando-as da prisão. Alguns dias depois dos terríveis dias 16 e 17 de julho de 1942, como as coisas pareciam estar tranquilas novamente, seus protegidos retornaram para suas casas.**

Infelizmente, a trégua durou pouco tempo para os Aptekier. Em 6 de novembro de 1942, foi a vez de o chefe da família, Joseph-David,*** ser preso mediante ordem das autoridades alemãs. Ele foi detido em Drancy e deportado cinco dias depois.

Naquela época, o ritmo dos trens era intenso, partindo a cada dois ou três dias. Drancy tornou-se um campo de trânsito e a maioria dos judeus detidos não passava mais que alguns dias ali.

Um mês depois, o destino continuou seu trabalho e, desta vez, Marcel, o mais velho dos quatro meninos, foi preso junto com seu irmão Jacques. Os dois entraram no campo de Drancy em 9 de dezembro de 1942, mas não encontraram o pai, que fora deportado um mês antes.

---

* A "Rusga do bilhete verde", de 14 de maio de 1941, foi a única executada na França por convocação individual. Seis mil seiscentos e noventa e quatro "bilhetes verdes" foram distribuídos aos homens judeus estrangeiros de 18 a 60 anos, que haviam se declarado no censo de outubro de 1940. Cerca de 60% das pessoas convocadas se apresentaram, totalizando 3.710 homens.

** Em 24 de novembro de 1997, Yad Vashem atribuiu a Yvonne Peltel o título de Justa entre as Nações.

*** Joseph-David Aptekier foi deportado no trem nº 45 de 11 de novembro de 1942.

Em sua ficha de entrada no campo, consta o motivo da prisão: "descumprimento de duas ordens alemãs" – a de 28 de maio de 1942, que impunha aos judeus da zona ocupada o porte da estrela amarela, e a de 8 de julho de 1942, que regulamentava o acesso aos locais públicos para os judeus. Em outras palavras, Marcel e Jacques foram presos porque estavam em um local proibido aos judeus sem portar a estrela amarela.

Jacques tinha apenas 15 anos, e a UGIF conseguiu uma autorização para conduzi-lo a uma de suas casas de crianças, a Organização Reconstrução Trabalho (*Organisation Reconstruction Travail* – ORT) – uma escola profissionalizante – da rua des Rosiers. Ele deixou Drancy em 28 de dezembro de 1942.*

Cinco meses depois, o adolescente, temendo ser preso novamente, fugiu do estabelecimento e mais uma vez encontrou refúgio na casa da senhora Peltel antes de ir para a zona sul.

Já Marcel permaneceu em Drancy por várias semanas. O ritmo dos trens havia diminuído. Não houve nenhuma partida entre o trem nº 45, que levou seu pai em 11 de novembro de 1942, e o nº 46, que o levou para Auschwitz-Birkenau em 9 de fevereiro de 1943.

Ao chegar ao campo, o rapaz, no auge da idade, foi aprovado na seleção; seu registro é o nº 101.044.

Marcel foi deportado com vários colegas, entre os quais Simon Tréguier.** Simon era cinco anos mais novo que Marcel e foi deportado com seu irmão, Samuel, nascido em 1923. Seus pais e sua irmã mais nova haviam sido presos na Rusga do Velódromo de Inverno e foram deportados meses antes.

Em 1945, em uma carta enviada para a mãe de Marcel, Simon, que acabara de ser repatriado, relata a história deles. Os dois rapazes se conheceram em Drancy e foram juntos para Auschwitz. Dali, foram transferidos para

---

* A ORT, que se tornou o serviço 32 da UGIF, inicialmente chamada de Centro de Formação de Aprendizes, e serviu como centro de acolhimento e abrigo para meninos que estavam sob responsabilidade da UGIF.

** Simon Tréguier nasceu no dia 2 de dezembro de 1925. Foi deportado com seu irmão Samuel no mesmo trem de Marcel. Os dois irmãos retornaram da deportação. Seus pais, Kalman e Baty, e sua irmã Denise foram deportados antes deles e não retornaram.

Golleschau, um *kommando* de trabalho que ficava a oitenta quilômetros de Auschwitz, na fronteira tcheca, aberto em julho de 1942.

Era um dos mais importantes satélites de Auschwitz. Ao mesmo tempo jazida e fábrica de cimento, ali havia cerca de quatrocentos a quinhentos prisioneiros, chegando a mil pessoas na primavera de 1944.

Marcel foi designado para trabalhar com o carvão, enquanto Simon foi enviado para uma pedreira. Em janeiro de 1945, o *kommando* foi evacuado diante do avanço das tropas soviéticas e recuou para o campo de Sachsenhausen. Após dez dias de viagem, chegaram esgotados, em um estado lamentável. Foi ali, ficamos sabendo por meio de Simon Tréguier, que Marcel foi vítima de uma "seleção".* Era janeiro-fevereiro de 1945.

É de fato o endereço do *kommando* Golleschau que consta nas duas cartas escritas por Marcel. A primeira é datada de outubro de 1943, do dia 5 ou 25 – a legibilidade do número é ruim –, mas foi registrada pela UGIF sob o nº 2.797 em 20 de novembro de 1943, isto é, não muito tempo depois.

Marcel escreveu para uma amiga, Germaine Lizot, que morava na rua de Fourcroy, nº 23, no 17º distrito de Paris:

> Golleschau, 15 de outubro
> Querida família,
> Estou bem e agradeço o envio de comida. Espero que todos vocês estejam bem. Aguardo uma resposta rápida escrita em alemão.
> Os melhores cumprimentos de seu
> Marcel Aptekier

A segunda carta foi direcionada a um homem chamado Charles Erenst, em Lyon, mas era à sua mãe que Marcel se dirigia:

---

* Na linguagem concentracionária, uma "seleção" é uma operação conduzida pelos guardas da SS que consiste em designar os deportados que serão levados para as câmaras de gás.

Golleschau, 9 de janeiro de 1944

Querida mãe,

Venho lhe dizer que estou trabalhando aqui e que estou saudável e bem. Espero que você e toda a família também estejam. Escreva rápido e em alemão. Espero ter notícias suas em breve e envio muitos beijos.

Seu grato filho

Marcel

Bajla deixou Paris. Foi provavelmente graças à intervenção de Simon, que fez várias viagens para esconder sua mãe e seus dois irmãos mais novos, que eles encontraram um refúgio na região de Lyon.

Essa segunda carta foi registrada com o nº 3.994. A data não é legível. É possível ler o dia (9) e o ano 1944, mas não o mês. No entanto, sabemos que ela chegou à UGIF em 25 de julho de 1944.

São as últimas notícias recebidas da parte dele. Nem Marcel nem seu pai retornaram da deportação.

Após a guerra, Simon assume o papel de chefe da família. Ele abriu um processo para recuperar o apartamento da rua du Château d'Eau, onde Bajla viveu até seus últimos dias e onde faleceu, em julho de 1959.[23]

ANDRÉ BALBIN,
no fim dos anos 1930

ABRAHAM-ANDRÉ BALBIN

[Paris]
05/01/1944
Caro senhor Balbin,
Lamentamos informá-lo que sua carta para o sr. e a sra. Balbin, Hospital Rothschild, rua de la Bienfaisance, nº 20, Paris 20, infelizmente não pôde ser entregue. Solicitamos que enderece sua próxima correspondência para outra pessoa.
Assinado: K. Schendel

É nesses termos que Kurt Schendel, chefe do serviço de ligação com as autoridades alemãs na UGIF, escreveu para André Balbin, que estava em Birkenau desde sua deportação no trem nº 4, que partiu de Pithiviers em 22 de junho de 1942. André Balbin escreveu duas cartas no âmbito da *Brief-Aktion*. A primeira era endereçada ao sr. e à sra. Fisele, registrada com o nº 193, datada de 8 de março de 1943. Ela não foi entregue imediatamente, pois os destinatários só foram avisados por meio do boletim da UGIF, nas edições de 9, 16 e 23 de abril de 1943, de que uma carta estava à sua disposição. Na publicação, o nome citado se tornara Gisèle. Finalmente, a carta chegou às mãos dos destinatários, pois a ficha da UGIF indica que uma resposta fora dada em 29 de abril de 1943.

Uma segunda carta foi escrita por André Balbin. Desta vez, ele a direciona para seus pais, indicando o endereço: "Sr. e sra. Balbin, Hospital Rothschild, UGIF, rua de la Bienfaisance, nº 20, Paris 20". Esta não tinha nenhuma chance de chegar ao destinatário. Tudo era falso no endereço: seus pais não estão no Hospital Rothschild, e André sabe disso porque acredita que eles estão em segurança na Gironda, onde ele mesmo os instalou. O endereço do hospital não é a rua de la Bienfaisance, mas sim a rua de Santerre, no 12º distrito de Paris, e a rua de la Bienfaisance, onde ficam os escritórios da UGIF, não se localiza no 20º distrito, mas sim no 8º. Por que essa sequência de erros? Não seria uma atitude proposital de André para chamar a atenção para essa carta que, ele acreditava, não passava de uma armadilha para enganar seus pais?

Kurt Schendel, como um bom gestor do serviço que comanda, fez de tudo para enviar a carta ao destinatário. Mais uma vez, ele utilizou o boletim da UGIF para avisar ao sr. e à sra. Balbin que uma carta, desta vez de nº 910, chegara em 12 de outubro de 1943 e que eles deveriam se apresentar para que ela lhes fosse entregue. A informação foi publicada repetidas vezes entre 12 de novembro de 1943 e 4 de fevereiro de 1944. Nesse meio-tempo, Kurt Schendel tomou a iniciativa de responder ele mesmo a André, enviando uma carta para Birkenau, a fim de solicitar que ele endereçasse suas próximas correspondências para outra pessoa.

Esse judeu alemão, advogado inscrito na ordem de Berlim, privado de exercer sua profissão e obrigado a deixar a Alemanha em 1933 devido à ascensão do nazismo, destituído de sua nacionalidade, e que integrou a UGIF em 1942, acreditava sinceramente que era possível trocar correspondências de forma normal e regular com os deportados do campo de Auschwitz? Ele realmente acreditava na veracidade das mensagens trazidas por aquelas cartas, que via passar aos milhares pelos escritórios do serviço nº 36, afirmando que os deportados estavam bem e que trabalhavam?

Eis o texto que introduz a apresentação das listas no jornal da UGIF:

Correspondências pendentes originárias de judeus que se encontram nos campos de trabalho.

As correspondências a seguir não puderam ser entregues. Os destinatários ou amigos do remetente devem retirá-las, indicando o nome do remetente e o número disponível ao lado do nome.

As respostas destinadas às pessoas que trabalham nos campos são gratuitas.

Não é necessário questionar se novas correspondências foram recebidas. Assim que forem recebidas, nós distribuiremos as cartas o mais rápido possível; entretanto, não temos a possibilidade de buscar por pessoas que não escreveram.

Todas as correspondências devem ser endereçadas à UGIF, Serviço 36, rua de Téhéran, nº 19.

As pessoas acima mencionadas que residirem em Paris podem se apresentar em nossos escritórios: rua Pigalle, nº 4, Paris 9 – o endereço da rua de Téhéran não trata esse assunto.[24]

Apesar de todos os esforços, a carta escrita por André aos pais nunca chegou às mãos deles. Ainda hoje ela está nos arquivos do SHD, conservada com as outras 250 que não foram entregues aos destinatários.

Essa carta, escrita muito legivelmente em caracteres tipográficos, não está datada. Ela não chegou aos pais de André, mas este sobreviveu à deportação. Abraham (apelidado de "André") Balbin nasceu em 12 de maio de 1909 em Tomaszów, na Polônia, que na época fazia parte do Império Russo, em uma família judia muito religiosa. Caçula de sete crianças, como muitos de seus compatriotas, deixou um país onde reinava a intolerância e o antissemitismo para encontrar a paz na França, a "terra prometida", sinônimo de liberdade e direitos humanos. Em 1927, estava em Nancy, onde encontrou um irmão e duas de suas irmãs. Quatro anos depois, toda a família estava enfim reunida, mas a ameaça recomeçou. Mais uma vez, André e os seus precisaram enfrentar a xenofobia e o antissemitismo.

Na declaração de guerra, André e seu irmão se voluntariaram e se apresentaram ao serviço de recrutamento. Eles nunca foram convocados. Em 1940, decidiram deixar o departamento de Lorena. Inicialmente, André levou seus pais e uma de suas irmãs à Dordonha, antes de se instalar em

Branne, perto de Libourne. Fez uma nova viagem para acompanhar outra irmã e os filhos dela. Seu cunhado Israël preferiu ficar na Lorena com sua esposa e seus filhos.

Em maio de 1940, André e seu irmão Samuel decidem ir a Bordeaux para tentar pegar um barco e deixar a França. Infelizmente, eles chegaram tarde demais, e não havia mais nenhuma possibilidade de fugir do país. Como não conseguiram encontrar trabalho em Libourne, os dois irmãos foram tentar a sorte em Paris. Preso uma primeira vez por falta de *Ausweis** quando estava na estrada para encontrar seu cunhado, com quem fazia negócios, André cumpriu pena de prisão em Langres e depois em Chaumont, no departamento de Alto Marne. Após sua soltura, ele retornou a Paris e deixou-se convencer por um colega a participar da distribuição do *Notre parole*,** um jornal iídiche clandestino.

Alguns meses depois, após ter decidido deixar Paris para se juntar à família em Branne, André foi preso em um café durante um controle policial. Ele foi condenado por infração ao decreto-lei de 2 de maio de 1938 a nove meses de prisão, que cumpriu na prisão de Tourelles. Ao final de sua pena, ele não foi solto, mas transferido para o campo de Pithiviers, onde chegou em 21 de março de 1942. Foi ali que soube que seu irmão Samuel fora fuzilado em 21 de fevereiro de 1942.*** Três meses depois, em 21 de junho, ele foi convocado: seu nome constava na lista dos prisioneiros que formariam o quarto trem de judeus que deixariam a França com destino a Auschwitz-Birkenau, onde chegou em 24 de junho.

André foi designado para diferentes *kommandos* de terraplanagem e de construção: para construir estradas, um canal, novos alojamentos para a extensão do campo. Duas semanas o marcaram profundamente enquanto

---

*   Em português, carteira de identidade. (N. T.)

**   Em português, "Nossa palavra". (N. T.)

***   Samuel Balbin nasceu em 19 de abril de 1899 em Tomaszów, na Polônia. Militante nas organizações judias populares, ele participou da distribuição do jornal *Presse nouvelle*. Veterano das Brigadas Internacionais, foi preso em 21 de agosto de 1941 e levado para o campo de Drancy, onde foi mantido como refém, e depois fuzilado no Mont-Valérien em 21 de fevereiro de 1942, em represália a um atentado cometido contra um soldado alemão em Tours.

> LIEBE ELTERN.
> ICH TEILE EUCH MIT DAS ICH
> BIN GESUND UND ARBEIT DAS
> SELBE VON EUCH ZU HÖREN.
> DIE HERZLICHSTE GRÜSE
> UND KÜSSE FÜR EUCH
> VON EUER SOHN
> André BALBIN.

"Queridos pais, posso dizer-lhes que estou bem e trabalhando [espero] que vocês também.
Minhas mais sinceras lembranças e beijos para vocês, da parte de seu filho. André."
Carta escrita em Birkenau por André Balbin e não entregue ao destinatário.

estava no *Begrabungskommando*, cuja função era cavar as valas nas quais os cadáveres dos judeus assassinados eram jogados e cobertos com cal. Então, conseguiu ser transferido para o *kommando* dos eletricistas. Em seu relato publicado em 1989, André se lembra: "Fiquei apenas duas semanas no *kommando* da morte. Ainda assim, o cheiro que senti ali nunca mais me abandonou. [...] Naquelas condições, eu não conseguiria continuar no *Begrabungskommando* sem enlouquecer". Depois de Birkenau, André foi transferido para o campo de Auschwitz, onde trabalhou como costureiro. Foi ali, após a chegada de um trem da França no qual havia conhecidos vindos de Nancy, que soube que toda a sua família, que ele acreditava estar segura na Gironda, fora presa. Após inúmeras transferências, principalmente para os campos de Eintrachthütte e Monowitz-Buna, André Balbin foi levado à estrada durante a evacuação de janeiro de 1945, diante do avanço das tropas soviéticas. Por fim, foi liberto em Hirschberg em 8 de maio de 1945 e levado de volta para a França em 12 de junho do mesmo ano.

Em seu relato, embora muito detalhado, André Balbin nunca mencionou as duas cartas. Entretanto, na página 90 de seu livro de memórias, uma cópia de péssima qualidade apresenta a carta nº 193, a primeira escrita por ele.[25] Ela foi colocada ali apenas para fins de ilustração. A legenda que ele atribui ao documento ilegível é a seguinte:

> Este era o padrão de carta que éramos obrigados a enviar. Para os soldados da SS, o primeiro objetivo era mascarar a realidade por meio de informações relativamente tranquilizadoras que visavam acalmar as legítimas preocupações das famílias mais aflitas. Mas era também, acima de tudo, um meio de obter endereços para novas deportações.

André Balbin faleceu em 11 de setembro de 2003, aos 94 anos.[26]

Segunda parte

CARTAS CLANDESTINAS

Paralelamente à operação da *Brief-Aktion*, houve um segundo conjunto de cartas que chegavam de Auschwitz e eram classificadas como clandestinas, porque não passavam pela via disponibilizada pelos nazistas, mas sim por meio de prisioneiros franceses que serviam de testa de ferro.

Essas correspondências, inéditas na extensão e no conteúdo, relatam de forma única as condições de vida desses judeus, apesar de não representarem todos os deportados.

Naquele vasto e imenso complexo que era Auschwitz, assim como seus campos anexos, os deportados judeus puderam, a partir da primavera de 1943, comunicar-se com franceses, que eram convocados pelos alemães no contexto do Serviço de Trabalho Obrigatório (STO).*

Na teoria, esses encontros eram impossíveis. Os operários do STO não tinham o mesmo status dos deportados judeus e não eram alojados nos mesmos locais. Além disso, esses trabalhadores forçados podiam escrever em francês para seus próximos e receber mantimentos e vales. Foi principalmente em trabalhos nas áreas externas e nas fábricas que dependiam de Auschwitz que judeus e os convocados pelo STO, naturais da França,

---

* Durante a Ocupação, o Serviço de Trabalho Obrigatório (STO) consistia na convocação e na transferência de trabalhadores franceses para a Alemanha. Imposto pela Alemanha nazista ao governo de Vichy para participar do esforço de guerra, foi instaurado pela lei de 16 de fevereiro de 1943 e mobilizou durante dois anos pessoas jovens de acordo com sua idade.

puderam se encontrar, conversar e, às vezes, simpatizar uns com os outros. Alguns trabalhadores do STO aceitaram dar aos deportados judeus o direito de enviar correspondências, muitas vezes em troca de uma vantagem material ou financeira, ou por simples bondade de espírito e camaradagem.

Embora essas cartas seguissem o percurso postal de costume, como mostram as inúmeras obliterações que figuram nos envelopes, elas também eram submetidas à censura antes de serem enviadas.

As correspondências eram mais livres que na *Brief-Aktion*, mas o cuidado ainda era necessário, já que textos muito explícitos seriam inevitavelmente censurados.

Para se fazer compreender, muitos lançavam mão de uma "linguagem codificada" ao se comunicar com a família – que deveria saber ler as entrelinhas de uma mensagem tranquilizadora.

A partir de então, um sistema complexo de envio de correspondências começou a funcionar. O operário do STO serve de testa de ferro e assina a carta. Em contrapartida, os pacotes recebidos passavam por esse intermediário – que podia se servir dele – antes de chegar às mãos do destinatário.

Essas cartas são repletas de informações sobre a vida dos deportados nos campos, e os assuntos abordados são variados. O tema mais frequente é a preocupação legítima com seus próximos, buscando certificar-se de que eles estavam sãos e salvos na França, apesar das rusgas e perseguições que continuavam.

Essa troca de correspondências permitia às famílias manter uma ligação superficial, mas real, e mantinha a esperança do retorno para casa.

Grande parte do conteúdo dessas cartas fazia referência ao envio de pacotes de mantimentos. Os deportados eram privados de tudo, sofriam com o rigor do clima e com o rude tratamento de seus carcereiros e eram permanentemente atormentados pela fome. Os pedidos de comida, de roupas quentes e até de medicamentos, com as recomendações a respeito das regras de envio e de empacotamento, eram indispensáveis para sua sobrevivência.

Algumas cartas trazem informações sobre o dia a dia em Auschwitz: "Esta carta escrita rapidamente é para lhes dizer que estamos bem, fiquem despreocupados", escreveu aos pais Simon Cohen, no fim de junho de 1944, para tranquilizá-los. Hoje sabemos que essa não era a verdade e que, deportado desde setembro de 1942, como os outros judeus, ele trabalhava mais de doze horas por dia em condições aterrorizantes.

Nelas também era impossível dizer a verdade, mas ao menos é possível obter informações sobre seus colegas, seus *kapos* e os postos que ocupavam, em área externa ou em fábricas, que eram menos duros que os do campo principal, e onde alguns esperavam permanecer: "Estou trabalhando em boas condições, em uma fábrica bem aquecida, e não preciso me preocupar com as chuvas de granizo", explica Léon Goldstein em uma carta à esposa, na primavera de 1944.

Em meio àquele inferno, a cultura resistia. Aproveitando raros momentos de descanso, o prazer da leitura permitia esquecer a realidade por alguns instantes: "Durante o dia, li uma obra maravilhosa, uma obra divina, *Imitação de Cristo*, e fiquei com vontade de orar", escreveu ainda Léon Goldstein, que, um pouco adiante, menciona as discussões filosóficas que os deportados tiveram, assim como as apresentações que preparavam para seus companheiros de detenção.

Acima de tudo, essas cartas nos ensinam muito a respeito da condição humana.

Conhecemos o caso de Sally Salomon, preso em Toulouse em agosto de 1943, que em todos os seus 22 envios nunca deixou de pedir à esposa, às vezes com insistência, que lhe enviasse alimentos. Depois viemos a saber que a comida não era apenas para consumo próprio, mas que ele a dividia com seus companheiros de infortúnio, deixando a lembrança no campo "do francesinho que tanto fazia por seus compatriotas".

Essas cartas nos mostram que as relações entre as diferentes categorias de prisioneiros do campo de Auschwitz eram mais permeáveis do que até então imaginávamos.

Quantos deportados judeus puderam se beneficiar de oportunidades como essas? É impossível saber. As correspondências de Sally Salomon e de Léon Goldstein, marcantes por seu volume, provavelmente foram casos excepcionais.

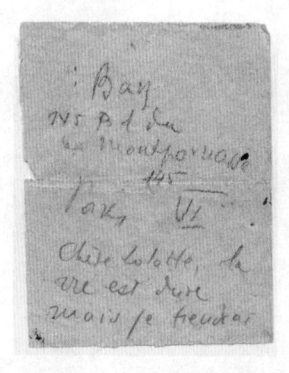

"Querida Lolotte, a vida está difícil, mas eu ficarei firme."
Bilhete rabiscado por Léon Goldstein, provavelmente no momento da evacuação.

SALLY e MINNA SALOMON
na cidade de Cazères-sur-Garonne, 1942

SALLY
SALOMON

Em 5 de agosto de 1943, meu pai foi preso na rua, em Toulouse, ao sair de uma papelaria com um jornal na mão. Ele foi denunciado como judeu e como resistente por um antigo colega de regimento. Naquela época, nós vivíamos em Cazères-sur-Garonne. Toda semana meu pai ia a Toulouse, situada a cerca de sessenta quilômetros, para entregar sapatos e sacos de ráfia que fabricávamos para sobreviver. Quando anoiteceu, mamãe, que viu que ele não voltou, decidiu ir a Toulouse no dia seguinte para tentar encontrá-lo. Munida de um pacote de mantimentos, ela foi aos hospitais, depois às prisões, para tentar descobrir onde seu esposo estava. O pacote finalmente foi aceito pela recepção de uma prisão militar.

Foi assim que Liliane relatou a prisão de seu pai quando, em 1991, foi ao Memorial da Shoá entregar as cartas escritas por ele. Ela teve que esperar completar 50 anos para finalmente poder falar sobre as cartas, que até então tinham sido mantidas na gaveta de uma cômoda, primeiramente por sua mãe, depois por ela.

Seu pai, Sally Salomon, nasceu em 24 de maio de 1908 em Saint-Avold, no departamento de Moselle. Casado com Minna, teve dois filhos: Liliane, nascida em 1935, e Georges, nascido em 1941. Sally era um homem muito religioso e criava seus filhos de acordo com os preceitos do judaísmo. Em 1940, foi convocado para o posto de sargento na Força Aérea francesa. Como seu regimento era baseado no departamento de Alto Garona, instalou sua família na cidade de Cazères-sur-Garonne, perto de Toulouse. Após a assinatura do armistício, Sally decidiu permanecer na região, onde se estabeleceu como comerciante.

Na primeira carta escrita do campo de Drancy para sua esposa, ele disse ter sido preso por engano:

> Pensaram que eu fosse alemão. Agora, uma vez preso, está tudo acabado e não há nenhuma chance de fugir do destino. [Drancy, 15 de agosto de 1943]

Apesar disso, Sally tentou "fugir do destino" saltando pela janela do primeiro andar quando foi deixado sozinho em um cômodo após sua prisão. A tentativa de evasão não foi bem-sucedida: Sally fraturou as duas pernas, encerrando qualquer possibilidade de fuga. Antes de deixar a prisão, conseguiu enviar um bilhete à família por meio de um colega de detenção. Em uma caligrafia quase ilegível, Sally anunciava sua transferência de Toulouse para Drancy.

O dia 15 de agosto de 1943 era um domingo. Na carta escrita nesse dia, ele conta que chegara na sexta-feira, isto é, 13 de agosto, e fora imediatamente enviado para a enfermaria para que suas pernas fossem cuidadas; uma semana se passou desde sua prisão.

O que torna as cartas de Sally para sua esposa impressionantes é que elas eram inteiramente clandestinas e não passavam pelo circuito oficial da censura. Ele explicou tudo isso em suas cartas. Assim que chegou a Drancy, Sally teve um importante encontro:

> Encontrei Paul, o pai de Bertrand, que é extremamente gentil [...]. Ele ocupa um cargo muito elevado e está cuidando de mim. De toda forma, ele fará o que puder para que não me falte nada. [Drancy, 15 de agosto de 1943]

Com a ajuda do "sr. Paul", Sally pôde se corresponder regularmente com Minna e explicou o procedimento a ser seguido:

> Você deve enviar suas cartas em um envelope endereçado ao sr. Paul, que deve estar dentro de outro envelope endereçado à sra. Bellanger, rua Scipion, nº 6, Paris 5.

O "sr. Paul" em questão é Paul Cerf, também de Saint-Avold, onde se conheceram. Paul Cerf foi preso em Nîmes em fevereiro de 1943. Inicialmente detido no campo de Compiègne-Royallieu durante dois meses, foi transferido para Drancy, onde permaneceu depois do mês de maio. Nesse campo, ele ocupava uma posição importante, porque foi empregado no serviço de ligação com as autoridades alemãs. Era por meio desse escritório que transitavam as instruções orais da SS, que ditava o conjunto da administração judia do campo. De acordo com Annette Wieviorka e Michel Laffitte, "esse escritório é o fio de transmissão das ordens alemãs. Dentro de limites restritos, porque não podiam decidir quem seria deportado, mas não deixava de ser uma posição de poder".[1] Paul Cerf aproveitou-se de sua posição "privilegiada" para proteger Sally. Apesar disso, este não quer abusar:

> Eu já teria escrito para vocês mais cedo, porém é muito difícil contrabandear as cartas e não quero atrapalhar Paul o tempo todo. [Drancy, 26 de agosto de 1943]

As correspondências entre Sally e Minna funcionaram nos dois sentidos durante todo o período de sua detenção em Drancy, mas apenas as cartas de Sally foram conservadas e chegaram até nós. Uma semana após sua chegada ao campo, ele recebeu a primeira carta de sua querida Minna:

> Não tenho palavras para expressar a alegria que senti ao receber sua primeira carta de 19 de agosto. [Drancy, 24 de agosto de 1943]

Além das cartas de sua esposa, Sally também recebia pacotes trazidos por sua cunhada May, esposa de seu irmão, que não era judia e vinha de Lyon. As cartas se sucediam e, como sempre, a importância dos pacotes, sua frequência e seu conteúdo estavam no centro das preocupações. Fora isso, e apesar de as missivas não passarem pelo serviço de censura, Sally não dizia quase nada a respeito de sua vida cotidiana. Entretanto, havia um assunto quase onipresente em suas cartas: a fé, importante em sua vida. Assim que chegou, escreveu:

> Com a ajuda do Todo-Poderoso, vamos atravessar essa prova que nos assola tão duramente [...]. Foi Deus quem a quis, e é só esse pensamento que me permite continuar vivendo. [Drancy, 15 de agosto de 1943]

> Fiz jejum pelo Tishe Behav,* e foi difícil fazê-lo nas condições em que estou vivendo. [Drancy, 24 de agosto de 1943]

A transmissão da fé aos filhos aparece regularmente nas cartas:

> Não deixe de ensinar e guiar nossos dois pequenos, minha querida Minna, ensine-lhes a religião. Esse é o meu desejo, como você sabe, minha pequena e querida Minna. Estou muito feliz por você ter feito o voto de se tornar religiosa. Agora é preciso colocá-lo em prática [...]. Minha querida Minna, você sabe em qual espírito desejo que meus filhos sejam educados [...]. O mais importante de tudo, não trabalhe aos sábados. É assim que as crianças, vendo o seu exemplo, criarão desde cedo o hábito de respeitar nossas tradições [...]. Não esqueça de ensiná-las a orar. [Drancy, 30 de agosto de 1943]

> Estou muito feliz por você ter se tornado devota. Eu também, minha querida, tenho feito todas as minhas orações, sem deixar nenhuma de lado. Estou vivendo apenas pela fé. [Drancy, 2 de setembro de 1943]

---

* "Jejum do quinto mês" no calendário judeu, que homenageia a queda do primeiro templo de Jerusalém.

A última carta não é uma exceção:

> Certamente, tenho à minha frente uma vida penosa e dura, mas espero que o bom Deus me dê a força necessária para superar e sobreviver a essa terrível catástrofe. [Drancy, 6 de outubro de 1943]

Apesar de seus esforços, Paul Cerf nada pôde fazer para impedir a partida de Sally, prevista para 7 de outubro de 1943:

> Quando eu for embora, não poderei mais dar notícias [...]. É só graças a Paul que consigo escrever regularmente.

Na última carta, escrita na véspera de sua deportação, Sally orientou Minna a ser o mais prudente possível, utilizando uma linguagem codificada:

> Você certamente soube que há muitos doentes no Midi. Tome cuidado com as crianças, a epidemia atual é muito grave, vocês têm que se proteger dela. [...] Não importa quanto custe, eu [não] quero que você nem nossas queridas crianças sofram da mesma doença que já me causou tanto sofrimento.

Os doentes são os judeus, e a doença são as detenções.

Às 10h30, na quinta-feira 7 de outubro de 1943, um trem com mil pessoas partiu da estação de Bobigny em direção a Auschwitz. Em 13 de outubro, Rudolf Höss, comandante do campo de Auschwitz, comunicou a Heinz Rothke[2] por meio de um telegrama, que o trem havia chegado no dia 10 de outubro, às 5h30.[3] Foram selecionados para o trabalho 340 homens e 169 mulheres. Sally Salomon era um deles, registrado sob o nº 157.202. Aos 35 anos e em boa forma física, agora que suas pernas estavam bem, ele foi designado para o campo de Monowitz, também chamado de Auschwitz III.

A sorte ou o acaso não abandonaram totalmente Sally, que encontrou, assim que chegou ao campo, um antigo conhecido, um francês de Cazères-sur-Garonne. Charles Degeilh,[4] como se chamava, não tinha o mesmo status que Sally no campo. Ele era um dos que trabalhavam em serviço obrigatório e, como tal, tinha direito a escrever e receber pacotes e vales. Graças ao seu intermediário, Sally pôde comunicar à sua família o local onde estava. Por uma extraordinária coincidência do acaso e com a ajuda de Charles Degeilh, Sally mais uma vez pôde se corresponder com sua esposa.

Sete semanas após sua chegada a Auschwitz, na primeira carta que ele enviou para Minna, a fé de Sally continua se fazendo presente:

> Com a ajuda de Deus, espero rever todos vocês em breve, em perfeita saúde. [Monowitz, 29 de novembro de 1943]

Mas, na sequência, o assunto desaparece totalmente da correspondência. A partir de então, seria o amor que o sustentaria:

> É só a esperança de te ver de novo que me dá forças para viver e para abraçá-la logo. [Auschwitz, 1º de março de 1944]

> Não posso viver sem você. [Auschwitz, 1º de maio de 1944]

Liliane, filha de Sally, explica essa mudança pelo que soubera de sua mãe: o pai fora testemunha de acontecimentos tão terríveis que perdera a fé em Deus.

Sally Salomon enviou à esposa 22 cartas durante sua deportação. A primeira data de 23 de novembro de 1943, e a última de 16 de junho de 1944. Vinte e duas cartas escritas a lápis, em papel de má qualidade, com algumas passagens quase totalmente apagadas. Vinte e duas cartas que Liliane guarda até hoje, como se fossem um tesouro, na gaveta de sua escrivaninha.

A atenção dedicada à preparação e à frequência dos pacotes era essencial. Sally dava instruções precisas, mas as regras mudavam com frequência. Em novembro de 1943, inicialmente autorizava-se o recebimento de um pacote a cada quinze dias, depois um pacote de quinze quilos por semana, mas ele especificava:

Devo lhe dizer que posso receber até 15 kg por semana. Prefiro que você faça pacotes de 8 kg e me envie dois por semana. [Auschwitz, 24 de janeiro de 1944]

Os pacotes de alimentos eram os mais essenciais, mas também os mais difíceis de fazer, porque era preciso colocar neles apenas produtos não perecíveis:

Quanto aos pacotes, dei-lhe instruções em minha carta de 9 de janeiro. Mande principalmente pães ou torradas, pães de especiarias, muitos bolos doces, geleia, açúcar e sobretudo manteiga ou margarina, cebola, batata, leite... o que preciso é de comida. Não esqueça da carne em conserva, além de queijo, se for possível conservá-lo. [Auschwitz, 24 de janeiro de 1944]

De fato,

os pacotes levam 30 dias para chegar, ou até mais. [Auschwitz, 24 de janeiro de 1944]

Ou ainda:

Quanto à cebola, não se preocupe se não conseguir encontrar. Tenho até receio de que ela apodreça no caminho. Os pacotes estão demorando até sessenta dias para chegar. [Auschwitz, 26 de maio de 1944]

Além da comida, a lista de itens de primeira necessidade só aumentava: roupas quentes, meias, botas, suspensórios, cintos, entre muitos outros.

O conteúdo dos pacotes e a frequência dos envios tinham uma importância fundamental, mas o mais importante era que eles chegassem ao destino. Para receber notícias dos seus, Sally acertou-se com Charles Degeilh, mas os dois começaram a entrar em conflito. Nas primeiras cartas de Sally, Charles é apresentado como um homem gentil que ele via com frequência e que lhe fazia grandes favores. Ao longo das cartas, ele vai se tornando mais distante. Os dois não se alojavam mais no mesmo campo, e às vezes ficavam sem se ver por um longo tempo:

> O caro Charles está estranho comigo. Ele tem sido um grande *ganef*,* mas muito gentil. [Auschwitz, 28 de março de 1944]

> O caro Charles nunca me entregou o agasalho azul e o xale, e não me entregou nem mesmo a camisa que você enviou com as sandálias. Enfim, você está vendo com quem estamos lidando. Além disso, como ele não trabalha nos mesmos horários que eu, estamos nos vendo muito pouco. [Auschwitz, 5 de junho de 1944]

Tudo isso leva Sally a pedir que as cartas e os pacotes a partir de agora fossem enviados diretamente em nome dele e para seu endereço. Apesar de a relação entre os dois homens ter mudado, Sally orientou Minna a continuar os envios:

> Assim, não precisarei ver Charles o tempo todo. Ainda assim, será preciso dar notícias regularmente a ele. [Auschwitz, 5 de junho de 1944]

Embora as preocupações materiais, indispensáveis para sua sobrevivência, tomassem muito espaço nas correspondências, Sally também estava ávido por notícias da família. Porém, às vezes era ele quem enviava notícias:

> Os pais de Gérard estão bem, tive notícias deles por um colega de trabalho. Estão em perfeita saúde, assim como sua irmã, Marthe. Eles estão muito longe daqui, mas passam bem. Gérard

---

* "Ladrão" em iídiche.

com certeza ficará feliz com essa boa notícia. [Auschwitz, 28 de março de 1944]

Ou ainda:

Diga também a Bernard de Muret que seu primo Fredi está bem e que o vejo todos os dias. Como tem muito trabalho, ainda não pôde escrever. [Auschwitz, 18 de maio de 1944]

Apesar de as cartas seguirem um circuito autorizado, ainda assim elas passavam pela censura. Além disso, todo o cuidado era necessário, o que explica as pouquíssimas informações que transpareciam a respeito da vida cotidiana de Sally, que, aliás, assina essas cartas com o nome "Albert":

Estou trabalhando regularmente e minha vida segue seu simples percurso normal. À noite, estou cansado e durmo cedo [...]. Aqui já está bem frio em relação ao clima daí. [Auschwitz, 29 de novembro de 1943]

Descobre-se que Sally ficou doente em razão da carta em que explica o motivo de seu silêncio:

Vocês estão sem notícias minhas há um bom tempo, mas estou doente há mais de um mês e estou em repouso na enfermaria. Tive uma enterite muito grave, mas agora estou um pouco melhor [...]. Espero que logo eu possa sair da enfermaria e retomar meu trabalho. Ficarei muito feliz. Não fique preocupada se não receber cartas com frequência, mas como estou na enfermaria, não posso escrever. [Auschwitz, 1º de março de 1943]*

---

* A próxima correspondência, em que Sally relata seu retorno ao trabalho, é datada de 28 de março de 1944. Dessa forma, é provável que o ano correto desta carta seja 1944, o que se confirma pelo fato de que sua deportação para Auschwitz ocorreu em outubro de 1943. (N. T.)

Sally restabeleceu-se, sem dúvidas graças à intervenção de Robert Waitz, que o manteve por mais tempo que o necessário na enfermaria para que pudesse repousar:

> Voltei a trabalhar desde 8 de março. Minha enfermidade foi muito grave, mas agora me sinto bem melhor, graças a Deus. Sofri muito e emagreci bastante, mas espero que com a ajuda dos seus pacotes eu logo esteja recuperado. Não preciso dizer o quanto os pacotes são necessários para mim, e lembre-se de enviá-los diretamente para meu endereço. Como uma doença ou alguma mudança podem ocorrer, se o pacote estiver com meu endereço, ele será enviado para mim onde eu estiver. Recebi todas as cartas de fevereiro quando saí da enfermaria após um mês, assim como a carta de 6 de março. Agora será impossível escrever mais de duas cartas por mês. [Auschwitz, 28 de março de 1944]

Sally se força a continuar transmitindo tranquilidade para a família:

> Se os pacotes não forem devolvidos para você, é um sinal de que estou bem. [Auschwitz, 26 de maio de 1944]

Ao longo das cartas, conseguimos compilar algumas informações sobre a vida de prisioneiro no campo:

> Trabalho das seis da manhã às seis da tarde. Há três meses, tenho dois amigos, um deles é tcheco. Estou trabalhando com eles, não é difícil, mas talvez em 1º de junho nós mudaremos de local. Espero continuar em uma boa posição. [Auschwitz, 26 de maio de 1944]

Na carta seguinte, de fato constatamos que houve uma mudança. Ele passou a utilizar uma nova identidade, a de Augustin Gorres, com o seguinte endereço: "Lager 2, bloco 5, alojamento 5/4". Os envios de pacotes parecem estar comprometidos:

Continuo bem e por enquanto ainda estou fazendo o mesmo trabalho, no mesmo local. Graças ao meu chefe, que é muito bom para mim, assim como meu amigo, de quem te falei em minha última carta. [Auschwitz, 5 de junho de 1944]

Essas cartas, que chegaram às mãos de Minna, permitiram-lhe saber que seu marido estava vivo e alimentaram a esperança de um retorno. Durante oito meses, ela se esforçou para fazer os pacotes que enviava regularmente. Era uma difícil tarefa em um país onde tudo era racionado, ainda mais porque cada pacote precisava ser feito em dobro. Utilizando o termo "*ganef*" para designar Charles, Sally alertou Minna de que seu trabalho não seria em vão. Se Minna quisesse ter certeza de que o marido receberia os mantimentos necessários, ela deveria enviar o suficiente para dois.

As cartas seguiram-se assim até 26 de maio de 1944, e depois mais nada. Apenas o silêncio. Sally não tinha mais a possibilidade de escrever e, de sua parte, Minna também precisou deixar Cazères para se esconder no vilarejo de Saint-Cristaud.

Foi quase um ano depois que ela finalmente recebeu notícias por meio de uma carta datada de 7 de maio de 1945, escrita por Sally do campo de Dachau, onde estava no momento de sua liberação. Essa carta chegou até Minna com muito atraso. Desde a liberação da França, ela voltou para Saint-Avold com as crianças e os correios não estavam funcionando corretamente. Ela nada sabia a respeito do percurso de seu marido, de quem não tinha notícias havia meses.

Nas cartas que Sally escreveu após sua liberação e que só chegariam muito tempo depois, ele fala sobre seus primeiros dias de liberdade:

Eu me desloquei pelas estradas da Alemanha de 18 de janeiro até 27 de abril, não preciso dizer em que estado de cansaço nos encontramos. [...] Nós evacuamos o campo de Dachau e agora estamos nos edifícios da SS. Aqui temos todo o conforto, água corrente e uma ótima instalação. Quanto ao repatriamento, ainda não sabemos quando será. Pode levar algum tempo. [Dachau, 14 de maio de 1945]

Estou há mais de uma semana no hospital americano e agora me sinto muito melhor. Ainda estou muito fraco [e] acho que em breve irei para um hospital no Lago de Constança. Quero que você venha me ver imediatamente. Estou morrendo de saudade de todos vocês. Espero que você me busque de carro, porque estou ansioso para encontrar a todos. Desculpe-me, minha querida Minna, se minhas cartas têm sido curtas, mas estou cansado para escrever longas cartas. [Dachau, 23 de maio de 1945]

Sally estava livre fazia quase dois meses, mas continuava sem notícias da esposa e dos filhos. A dramática situação na qual se encontrava o Leste Europeu, recém-liberto da opressão nazista, sem dúvida era responsável por aquela situação, mas ele não sabia disso:

Agora estou no Lago de Constança, em um hospital militar francês. É absolutamente [*ilegível*] para mim não conseguir entender que, de todas as cartas que já lhe escrevi, eu não tenha recebido nenhuma resposta sua. Sofri de uma enfermidade muito grave, mas agora estou me restabelecendo [...]. Percorremos mais de 500 km ontem em ambulância [para] chegar a esse hospital. Estão cuidando de nós e nos mimando como se estivéssemos em casa. [Hospital francês do lago inferior, 4 de junho de 1945]

Na carta datada de 15 de junho, ele descreve seus sintomas: pleurisia e edema. Sally estava gravemente doente. Fraco, passava todos os dias acamado e não tinha apetite. Ele precisaria de tempo para se restabelecer, conforme orientou seu médico, e não poderia voltar logo ao trabalho.

Finalmente, em 21 de junho de 1945, recebe uma carta de sua esposa. Ele responde imediatamente e mais uma vez apressa Minna a encontrá-lo o mais rápido possível:

Não posso escrever com frequência, fico em repouso o tempo todo e agora descobrimos minha doença. Estou sofrendo terrivelmente. Tenho uma lesão nos rins e muita água no corpo, além de uma pleurisia. Às vezes o sofrimento fica insuportável, mas estão fazendo o possível para melhorar minhas dores.

Infelizmente, Sally estava condenado. Fisicamente, estava em seu pior estado, e seu humor também não estava bem. A liberação tão desejada não lhe trouxe o alívio esperado. Sua última carta é repleta de desespero:

Se ao menos você pudesse vir até aqui, minha querida. Eu queria tanto te ver de novo. [...] Se ao menos você pudesse vir até aqui, eu certamente ficaria curado mais rápido se você estivesse perto de mim. [...] Quando você estiver comigo, eu ficarei curado mais rápido. Se você estivesse aqui, você poderia preparar minha comida e tudo seria melhor para mim. Tenho tanta saudade, eu queria tanto que você estivesse perto de mim.

Graças aos elementos reunidos por Liliane e aos depoimentos de colegas de detenção, pudemos reconstituir a vida de Sally no campo de Auschwitz.

Robert Waitz e Robert Franck, ambos deportados para Auschwitz e que retornaram da deportação, afirmaram tê-lo conhecido. Deportado no mesmo trem que Sally, Robert Waitz foi designado para o campo de Auschwitz III-Monowitz em razão de suas competências científicas (ele era médico). Em 1947, ele relatou as ações notáveis de Sally no campo, oferecendo ajuda material e moral a todos que podia, tendo feito parte da organização francesa clandestina do campo. Robert Franck, deportado no trem de 30 de junho de 1944, chegou depois. Também designado para Auschwitz III-Monowitz, redigiu após a guerra um testemunho em favor de Sally: "Conheci Sally Salomon quando ainda era criança. Quando cheguei a Monowitz, fui alojado no mesmo bloco em que Sally estava já havia vários meses. Seu conhecimento de alemão lhe permitira ser classificado como *Vorarbeiter* (chefe de equipe), o que lhe oferecia algumas pequenas vantagens". Segundo Robert Franck, Sally se aproveitara delas para ajudar os detentos franceses com suplementos de comida ou designando-os para trabalhos menos penosos: "A reputação de Sally Salomon era tão boa que, muito tempo após ter deixado o bloco, detentos estrangeiros me falaram do francesinho que tanto fazia por seus compatriotas".

Esses grandes feitos não figuram nas cartas que Sally enviou à sua amada Minna, mas, à luz desses depoimentos, podemos compreender melhor os pedidos de pacotes de comida e de itens do cotidiano. O que, em uma primeira leitura das cartas, poderia parecer um monte de exigências e egoísmo, subitamente se revela uma doação aos seus companheiros de miséria.

Sabemos que Sally deixou o campo de Auschwitz em janeiro de 1945. Ele integrou as terríveis marchas da morte, que o conduziram, junto a alguns outros milhares de prisioneiros, ao campo de Dachau, onde finalmente foi liberto em 27 de abril pelas tropas americanas. Mas o esgotamento de Sally foi tamanho que ele acabou ficando doente. Em Dachau, contraiu tifo. Apesar de ter recebido cuidados imediatos no local e depois ter sido transferido para um sanatório francês instalado às margens do Lago de Constança para se recuperar, seu corpo não tinha mais forças para lutar.

Minna, que deixou o sul da França para retornar a Metz com seus filhos, não teve mais notícias. De sua parte, Sally escreveu cartas que não chegaram. Foi apenas em 26 de maio de 1945 que Minna recebeu um telegrama informando que Sally ainda estava vivo. Assim que localizou o marido, ela viajou para juntar-se ao seu leito: "Ele não era mais que uma sombra de si mesmo", contou à filha. Pesando apenas 38 quilos, devastado pelas dores, ele ao menos teve a felicidade de rever sua amada: "Ele havia vivido o inferno, e apenas a vontade e o desejo de rever sua família o haviam sustentado e lhe permitiram suportar esse inferno". Sally não falou, ou falou muito pouco, sobre o que vivera. Testemunha de atrocidades cometidas pelos soldados da SS, ele havia perdido a fé e, contra a sua vontade, seu corpo o estava abandonando. Todos os cuidados mais minuciosos não foram suficientes para salvá-lo.

Sally Salomon deu seu último suspiro em 7 de setembro de 1945, sem ter podido rever seus amados filhos nem a terra da França.[5]

PAUL CERF,
1945

PAUL
CERF

Algumas semanas após Sally Salomon, Paul Cerf também viveu a deportação para Auschwitz-Birkenau. Em 13 de novembro de 1943, escreveu a lápis, em um pedaço de papel, uma carta de adeus à esposa Victorine.
Ele anuncia sua partida, que se aproxima:

> Minha querida e meu pequenino, quando vocês receberem este bilhete, eu já terei partido para um destino desconhecido, assim como E [...] e Régine. Não pude fazer nada, e já há algum tempo eu sentia que as coisas não poderiam ficar assim por muito tempo. Estou muito triste por ir embora sem notícias diretas de vocês dois e sem ter podido me corresponder com meu filho. Felizmente sei por Lucien que vocês estão bem e em segurança.
> Quanto a mim, vou com o coração pesado, mas cheio de coragem. O bom Deus esteve comigo até aqui e confio que ele não me abandonará. Aqui, agi como um homem e toda a minha equipe vai comigo. Não posso escrever muito, mas meu coração está apertado, eu pensei que ficaria na França para revê-la logo, mas infelizmente o destino tinha outros planos.
> Penso em meu pequeno Bertrand, que está crescendo sem o pai. Desejo que ele caminhe em retidão e seja um apoio para a mãe. Tenho a firme esperança de revê-los, mas se o bom Deus não

permitir que eu os reveja, orarei por vocês e desejarei tudo o que um marido e um pai pode desejar. Eu queria ter trazido felicidade a vocês, mas tenho certeza de que vocês ainda têm bons dias para viver – talvez comigo de novo.

Vou tentar dar notícias quando estiver indo embora, e escreverei para Lucien, que deve ser sempre seu ponto de contato. Estou mandando hoje para ele uma mala com toalha, sapatos e roupas que não posso levar comigo. Ele guardará tudo na casa dele. Além disso, estou enviando 22 mil francos [dos quais] não precisarei e que ele vai devolver para você. Não tenho outras instruções a dar porque não sei o que vocês estão fazendo agora. Sejam prudentes, e você, minha querida Victorine, cuide do meu pequeno para que ele seja um Cerf... Eu os amo mais do que nunca e pensarei em vocês até meu último suspiro. Um beijo de todo o meu coração.

Seu marido e pai

Paul Cerf nasceu em 11 de fevereiro de 1901 em Saint-Avold, no departamento de Moselle. Apesar de ter iniciado os estudos em farmacologia, ele trabalhava como administrador de empresas. Convocado pelo serviço militar em 1939, foi liberado em Nîmes, onde sua esposa e seu filho se juntaram a ele. Nessa cidade, foi preso por atos de resistência em 3 de fevereiro de 1943. Detido em Montpellier, foi enviado para o campo de Compiègne-Royallieu no dia 5 de março.

Em 26 de maio, foi transferido para o campo de Drancy com 51 outros detentos. Ele fazia parte do chamado grupo dos "compiégnois", que ocupariam cargos de responsabilidade em Drancy, substituindo aos poucos a administração judia que fora estabelecida pela prefeitura de Paris.

Assim, Paul Cerf foi nomeado intérprete e depois chefe do "serviço de ligação", o que fez dele adjunto do chefe do campo, encarregado das relações com a *Kommandantur*.

Em 9 de novembro de 1943, os soldados da SS descobriram o projeto de túnel de fuga iniciado por uma maioria dos "compiégnois". Em represália, o chefe judeu do campo foi destituído, e com ele dezenove responsáveis foram identificados e deportados em 20 de novembro de 1943 no trem nº 62. Vários membros da equipe conseguiram fugir do trem,[6] mas não Paul Cerf, que chegou a Birkenau na madrugada de 22 para 23 de novembro. Ele estava entre os 241 homens selecionados para o trabalho no campo de Auschwitz, onde foi designado para o bloco das experiências.[7]

Em 4 de junho de 1944, uma carta oficial, escrita em alemão, em papel autorizado e que trazia impresso o regulamento do campo de Auschwitz, foi endereçada por um homem chamado René Baconnier[8] ao seu pai, residente em Lyon. Essa carta foi, na verdade, escrita por Paul.

As orientações que deviam ser respeitadas para qualquer correspondência estavam redigidas na parte da frente:

> Campo de concentração Auschwitz
>
> As instruções a seguir devem ser respeitadas na comunicação escrita com os detentos:
>
> 1) Cada detento pode escrever duas cartas ou postais por mês à sua família e receber duas da parte de sua família. As cartas enviadas aos detentos devem ser legíveis, escritas a tinta e redigidas em alemão. Apenas cartas de tamanho padrão são permitidas. Os envelopes não podem conter forro. No máximo 5 selos de 12 fênigues originais da Deutsche Reichspost podem ser anexados a uma carta. Qualquer outra ação é ilegal e está sujeita à retenção das cartas. Nenhuma foto pode ser utilizada no lugar de uma carta.
>
> 2) O envio de dinheiro é permitido apenas no caso de um acordo/ordem da direção postal. O endereço deve ser exato e o nome, a data de nascimento e o número devem estar presentes. Em caso de dados incorretos, a carta será destruída ou devolvida ao remetente.
>
> 3) Jornais são aceitos, desde que sejam solicitados à agência postal do K. L. Auschwitz.
>
> 4) Os detentos podem receber pacotes com comida, mas não líquidos e medicamentos.

5) Solicitações de liberação de detentos à direção do campo são inúteis.

6) Visitas e conversas com os detentos em princípio são proibidas.

Comandante do campo

Do outro lado, encontramos o texto da carta:

Auschwitz, 4 de junho de 1944
Queridos pais, espero que vocês estejam bem, assim como eu estou. Sempre recebo seus pacotes com grande alegria, porque eles são sempre muito necessários para mim. Peço que me enviem com a maior frequência que puderem. Agradeço cordialmente, assim como a [Morgui] e aos outros, que participam e ajudam a preparar esses pacotes.
Eu gostaria muito de receber notícias do tio Michel, de quem vocês nunca me falam. Nunca recebi o pacote da Alemanha. Também não recebi o pacote de meu amigo Lucien [*ilegível*]. Eu gostaria de enviar essa carta o mais cedo possível, para que ele se lembre de mim. Então, peçam a ele que me envie notícias.
Também encontrei meu amigo Paul. Lucien precisa enviar os pacotes e escrever diretamente para ele, porque ele está surpreso por não ouvir falar dele.
Aguardo notícias de Gisèle e da criança, que deve estar bem. Envio minhas lembranças e beijos cordiais para vocês, assim como para Lucien, sua esposa e a pequena Lucette.
René Baconnier

Envie saudações à minha amiga René Claude Turcan, de Marseille, e diga-lhe que estou bem e que espero que ela se lembre dos belos discos que escutávamos juntos.

É a única carta escrita por Paul em seu período de cativeiro. Ele permaneceu no campo de Auschwitz até a chegada do Exército Vermelho, em 27 de janeiro de 1945.

Após sua liberação, escreveu várias cartas para a esposa e o filho, a fim de lhes dar notícias. A primeira é datada de 10 de fevereiro de 1945:

> Auschwitz, 10 II 1945
> Minha querida
> Meu pequeno Bertrand,
> Um bilhete para lhes dizer que fui liberto pelo glorioso Exército Vermelho. Estou bem no que diz respeito à minha saúde, mas estou muito cansado. Estou fazendo o possível, por meio do embaixador, para ser repatriado, porque estou ansioso para abraçá-los, como se tivesse voltado à vida, e para colocar meus serviços à disposição do general De Gaulle e da França, pela qual tanto sofri...
> Amanhã é meu aniversário. Estou sempre pensando em vocês, beijos de todo o meu coração.
> Seu Paul
>
> Se você puder, faça o que for preciso de sua parte para meu rápido repatriamento!

Dois dias depois, ele escreveu uma segunda carta.

Desta vez, a escrita é mais regular e Paul dá mais informações a respeito de sua situação:

> Auschwitz-Birkenau, 12 de fevereiro de 1945
> Minha amada esposa,
> Meu amado Bertrand,
> Por um inesperado milagre e graças a uma imensa vontade de viver e de revê-los, consegui, com uns poucos franceses, escapar desses assassinos alemães que nos tinham jurado de morte... Foi o destemido e glorioso Exército Vermelho que salvou nossas

vidas e nos tirou do terrível jugo ao qual fui obrigado a me submeter nos últimos dois anos. [...] É também graças aos nossos libertadores que posso lhe escrever essa carta para finalmente dar notícias.

Embora muito fraco, estou bem e a única coisa que desejo é saber que vocês também estão bem. Quanto tempo e sofrimento desde minha partida... e como você deve ter sofrido desde então. E meu pequeno Bertrand! Pensei que nunca voltaria a vê-los, mas o destino quis que eu fosse salvo daquele inferno que era Birkenau. Vi centenas de milhares de irmãos de fé serem enviados para a morte, asfixiados e queimados pelos monstros, e nunca conseguirei contar tudo o que eles fizeram conosco. Certamente os jornais deram notícias do que Auschwitz e Birkenau significavam. Infelizmente, muitos de nossos amigos, familiares e conhecidos perderam a vida ali, mas deixarei para depois a enumeração desses mártires! Só posso repetir que ainda não sei como conseguimos resistir a essa terrível vida depois de mais de 15 meses aqui. Mas não quero mais pensar nisso e meu único desejo é retomar o serviço ao De Gaulle pelo qual fui preso... e na medida das minhas possibilidades fazer esses bandidos pagarem pelo que vi.

E você, minha querida? Minha esperança é que minha ausência não a tenha feito sofrer demais e que durante esse tempo os bastardos não a tenham causado tormento demais. Imagino que meu pequeno Bertrand tenha sido corajoso e um reconforto para a mãe. Se você soubesse o quanto pensei em vocês e o quanto era forte minha vontade de viver e de reconstruir uma nova vida ao seu lado... o que acontecerá em breve, eu espero. Não sei o que acontecerá conosco, mas farei o que puder para ser repatriado o mais rápido possível para a França. Entrei em contato com nosso embaixador em Moscou e estou aguardando... Você também pode fazer o que for possível por meio do ministério dos Assuntos Estrangeiros por mim... Porque você sabe que não vejo a hora de abraçá-la e retomar o serviço no exército francês.

É com essa esperança que deixo um abraço com meu afeto e com todo o meu coração, do seu Paul.

Por favor, faça a gentileza de escrever ao sr. François Epstein, aos cuidados de Edvin Smith, Trafalgar Road 19, em Wiegen (Lancashire), Inglaterra, dizendo que seu pai, professor da Universidade de Praga, Berthold Epstein, está comigo e passa bem. Mande um beijo a Lucien e à sua família e diga-lhe que espero retribuir em breve o que ele fez por mim!

Paul Cerf, Hospital, encarregado do edifício 16, Auschwitz-campo

Paul escreveu diversas cartas para sua esposa, Victorine, e seu amigo Lucien Réminiac. Em todas as vezes, evocava a barbárie dos torturadores da SS e afirmava que ter sobrevivido àquele inferno era um milagre:

Fui muito protegido por ter salvado minha vida. [Auschwitz, 25 de fevereiro de 1945]

Auschwitz-Campo, 19/III/45.

Minha pequena amada, meu pequeno Bertrand,

Mais uma vez, escrevo para aproveitar cada oportunidade que se apresenta... Um amigo que teve mais sorte que eu está se preparando para retornar à França e fará o favor de entregar esta carta. Você certamente já recebeu ao menos uma parte da volumosa correspondência que enviei desde que fui liberto pelo destemido e magnífico Exército Vermelho, que veio nos livrar das garras da morte certa que nos foi destinada por essas hordas de SS.

Contar o que sofri desde que nos separamos? Eu precisaria escrever livros inteiros, e certamente teremos assunto para conversar por anos pensando em tudo o que vi e vivi. Quis a divindade que eu estivesse entre os raros franceses vivos que conseguiram escapar daquele inferno de Birkenau, onde asfixiaram e carbonizaram milhares de seres humanos de toda a Europa em condições atrozes e abomináveis. Será que foi um pesadelo?

Como quer que seja, estou vivo e muito em breve teremos o prazer e a alegria de nos reunirmos para nunca mais nos separarmos. Quanta vontade e quanta força foram necessárias para não sucumbir aos horrores daqueles torturadores que inventaram de tudo para nos fazer sofrer!

Estou muito preocupado com vocês, porque não sei o que lhes aconteceu desde que fomos separados. Ah, sei que vocês viveram momentos difíceis até o dia da libertação pelo general De Gaulle e pelas tropas aliadas. Também sei que Lucien deve ter feito por vocês tudo o que pôde... mas não quero pensar no pior e espero encontrá-los em perfeita saúde, e principalmente ver Bertrand crescido e saber que obedeceu à mãe e a todo mundo.

Quanto a mim, estou saudável, embora muito abalado por tudo o que vivi. Envelheci muito e estou bastante magro... mas isso não é nada quando temos a vida e a esperança!

Não sei quando seremos repatriados, mas estou fazendo o possível para entrar em contato com nosso embaixador, que deve se encarregar de nosso destino. Se você puder fazer alguma coisa por aí, por favor, faça.

Envie minhas lembranças a todos os nossos familiares, amigos e conhecidos que não me esqueceram, e a você, minha amada, e ao pequeno, todo o meu carinho.

Paul Cerf, Hospital Auschwitz-Campo (Polônia)
Bl. 16

Esse amigo não poderá ir embora, então não levará a carta, precisarei confiar mais uma vez no serviço de correio!

As semanas se passavam e Paul estava ansioso. Queria retornar à França, mesmo que precisasse se virar sozinho para rever sua família:

Ainda estou aqui, mas acho que logo estarei de volta. Vou tentar passar pela Romênia e pegar um barco em um porto qualquer enquanto espero o repatriamento oficial. É normal e natural que após uma ausência de quase dois anos eu esteja morrendo de vontade de tomá-la em meus braços. [...] Já se passaram quase dois meses desde que fomos libertos pelo Exército Vermelho, ao qual devemos toda a nossa gratidão, mas nosso governo ainda não fez nada por nós. Por que isso está acontecendo? Sofremos tanto que temos legítimo direito a um pouco de tranquilidade, além disso, ficaríamos felizes em pegar novamente em armas para acabar com nossos inimigos mortais. [Auschwitz, 20 de março de 1945]

Finalmente, chegou o dia do retorno. Em 4 de junho de 1945, em uma carta datilografada, ele escreveu:

Estou indo embora com um grupo de franceses na próxima quarta pela Tchecoslováquia, acho que conseguirei atravessá-la rapidamente até a França.

Mas a viagem ainda durou muito tempo: Paul foi repatriado para a França em um avião com destino a Lyon somente em 2 de julho de 1945. Reencontrou sua esposa e seu filho, que tinham encontrado abrigo no departamento de Drôme. A família retornou a Saint-Avold apenas em 1946.[9]

LÉON GOLDSTEIN,
1910

LEIB-LÉON GOLDSTEIN

Léon Goldstein, cujo verdadeiro nome era Isaac Leib Goldstein, nasceu na cidade de Vaslui, na Romênia, em 21 de janeiro de 1892. Preso em sua casa parisiense em 24 de setembro de 1942, foi imediatamente transferido para o campo de Drancy. Já no dia seguinte, foi deportado no trem nº 37. Em 27 de setembro, chegou ao campo de Blechhammer, na Alta Silésia.

Léon se mudou para a França após a Primeira Guerra Mundial para dar continuidade aos seus estudos; estudou filosofia enquanto se preparava para um doutorado em direito. Em 1922, casou-se com Charlotte Bay; protestante, suíça e nascida em Berna em 1899, ela estava em Paris para estudar pintura na Académie de la Grande Chaumière. Dessa união pouco convencional e pouco apreciada pelas famílias dos dois, nasceram três meninas, em 1930, 1933 e 1939.

Léon sustentava sua família por meio de seu trabalho como assessor jurídico no bairro da Opéra. Em um texto escrito pelas filhas do casal na ocasião da entrega dos documentos, elas declararam: "Não sabemos por que eles não obtiveram a nacionalidade francesa".

A família vivia no bairro de Montparnasse e as crianças estudavam na École Alsacienne. Pouco tempo após junho de 1942, quando Léon foi obrigado a portar a estrela amarela, e provavelmente por precaução, as meninas foram batizadas no templo protestante da rua Madame.

Em 24 de setembro de 1942, a polícia de Paris executou a rusga dos judeus romenos. Léon foi um dos 652 homens presos nesse dia.* A prisão foi feita na casa da família por policiais franceses que tocaram a campainha do apartamento pela manhã bem cedo. As três meninas viram o pai ir embora levado por dois policiais. Foi a última imagem que tiveram dele.

Durante sua rápida passagem pelo campo de Drancy, Léon enviou uma carta para a esposa:

Drancy, 24.9.42
Minha amada Lolotte, minhas muito amadas meninas. Estou em Drancy e logo devo partir. Estou muito confiante. Tenho um pedido para vocês: sejam corajosas, em breve nós nos veremos de novo. Que as crianças estudem bastante e pensem em mim com alegria e amor.
Mantenha a esperança, Lolotte. Só amei você na vida. E as crianças.
Um beijo,
Léon

Charlotte imediatamente deu início a procedimentos junto às autoridades da Ocupação, na avenida Foch,** para defender a causa de seu marido. O oficial que a recebeu foi gentil. Ele conhecia e gostava da Suíça, e prometeu ajudá-la. Verdade ou mentira, de toda forma era tarde demais. Léon já estava no trem que o levava para a Alta Silésia.

Antes de chegar a Auschwitz, o trem fez uma parada na estação de Kosel, onde os homens suficientemente capazes de trabalhar desceram dos vagões. Léon estava entre eles.[10] Naquele outono de 1942, a necessidade de mão de obra era elevada.

---

* Também foram presas 829 mulheres e 183 crianças. A maioria foi asfixiada 72 horas depois, porque o trem nº 37 já levava 729 judeus romenos e 63 crianças presos no dia anterior.

** Sede dos escritórios da Gestapo em Paris.

Charlotte não recebeu nenhuma notícia de seu marido entre a carta enviada de Drancy e maio de 1943. Quase oito meses se passaram, mas finalmente seu marido pôde dar um sinal de vida e cartas começaram a chegar em um ritmo bastante regular.

Essa correspondência só foi possível graças à ajuda de operários franceses que estavam no local no contexto do STO. As cartas às vezes eram escritas por Léon, às vezes reescritas pelo intermediário. Ele raramente assinava com seu nome, dando preferência àquele que lhe servia de testa de ferro. Todas as cartas eram escritas em francês, e o endereço do remetente aparecia da seguinte forma: *"Lager nummer 492304-17 Blechhammer über Heydebreck, Wohnung 5/76, Deutschland"*. As correspondências passavam pelo serviço de correio regular, como demonstram as rasuras nos envelopes.

Todas as correspondências eram endereçadas à sra. Bay, sobrenome de solteira de Charlotte, certamente para não chamar a atenção. Da mesma forma, ele começava várias de suas cartas por "minha querida tia", a fim de não deixar nenhuma pista.

A primeira carta recebida por Charlotte é datada de 3 de maio de 1943. Bastante curta, foi escrita por Léon, cuja caligrafia pode ser reconhecida:

> Minha amada Lolotte,
> Escrevo apressado estas poucas palavras para dizer que estou bem e que aguardo ansiosamente por notícias suas. Espero que as crianças estejam bem. O trabalho é pesado, mas cumpro meu dever com sucesso. Sonho com meu retorno com uma alegria infantil; essa esperança me dá forças para continuar. Espero poder enviar dinheiro em breve. Escreva para mim no endereço que está ao lado (registrado no envelope). Mande um olá aos amigos. Você tem notícias de sua família?
> Um beijo para as crianças. Beijos.
> Jacques

O segundo envio é uma carta mais extensa que traz muitas informações a respeito do tempo de trajeto das correspondências. Ela é datada de 23 de maio:

Minha amada Lolotte, recebi no dia 21 sua carta do dia 14. Sua carta tão amável que me fez tão bem. Como nenhuma outra carta fará. Nunca. Chorei como uma criança. Só preciso fechar os olhos para rever nosso querido apartamento e todas vocês, minhas amadas. Eu estava tão angustiado pensando em sua vida financeira e encontrei aqui um camarada que conheci quando tinha a idade de Béatrice* e que se ofereceu para escrever para sua secretária, em Paris, para te enviar 20 mil francos. [...]

Encontrei onde estou trabalhando um rapaz de Alès, e pedi que ele escrevesse à sua família pedindo a ela que dissesse para Brabo que estou trabalhando no mesmo lugar em que esse jovem camarada que foi convocado. [...]

Contar da minha vida aqui? Eu precisaria ter mais tempo, mais papel e a certeza de que esta carta chegaria às suas mãos. Farei isso na primeira oportunidade propícia. Não recebi o pacote que você me enviou no Ano-Novo. Imagino que a pessoa que deve ter encontrado você no fim de novembro se encarregou dele e, como mudei de quarto, não voltei a vê-lo. Não envie outros pacotes. Não quero privá-la de nada. Não temos garantia de que os receberei.

A vida que levamos é uma vida de trabalho sobre-humano. Eu aguentei e ainda estou aguentando. Vou continuar aguentando [sublinhado no original]. Quero ver vocês de novo. Eu queria me ajoelhar na sua frente e pedir perdão por toda a dor que estou causando. Agradeço as crianças por terem se comportado bem. Tudo o que tenho aqui são as três pequenas fotos das meninas. (Que olho nas ocasiões comemorativas.) Beijos aos amigos. Mande meus cumprimentos a Louisette e à sra. e ao sr. Charton.

Um beijo de todo o meu coração, amo vocês.

Léon

---

* Sua filha Béatrice nasceu em 1930, portanto, tinha 12 ou 13 anos.

Ao longo das cartas, Léon deixa transparecer algumas informações sobre suas condições de vida no campo, sem nunca entrar em detalhes. As orientações para a redação são rígidas e, se não forem obedecidas, as correspondências podem não ser entregues. As informações a respeito de seu local de trabalho e de sua ocupação real nunca figuram nas cartas:

> [...] Há alguns dias tenho um trabalho muito mais fácil e que convém perfeitamente à minha personalidade; como estou menos cansado à noite, espero poder escrever com mais frequência. [...]
> [Carta de 4 de julho de 1943]

Ou ainda:

> Conforme escrevi, tenho um trabalho fácil e estou bem física e mentalmente. [Carta de 8 de julho de 1943]

Em 16 de dezembro de 1943:

> Eu não poderia dizer o benefício que me renderam o cachecol e o pulôver. Nosso alojamento é bem aquecido e trabalho na maior parte do tempo debaixo de um teto e não do lado de fora, como nessa mesma época do ano passado.

Alguns meses depois, ele foi novamente transferido de local de trabalho:

> Estou trabalhando em boas condições, em uma fábrica bem aquecida, e o granizo de março não me afeta nem um pouco.
> [Carta de 21 de março de 1944]

Não foi possível reconstruir com precisão os locais e, principalmente, os trabalhos aos quais Léon foi designado durante todo o período que ficou em Blechhammer. Essa denominação era, na verdade, utilizada para descrever um conjunto de campos alemães: campos de prisioneiros, campos de trabalho, campos disciplinares e campos de concentração, mas também um campo de trabalho destinado aos judeus (ZAL, *Zwangsarbeitslager für Juden*). Os carimbos que figuram nos envelopes e o fato de que as correspondências transitavam entre operários franceses do STO podem levar a pensar que Léon trabalhava com eles ou perto deles. O campo de Blechhammer Sul era formado por uma fábrica da IG Farbenindustrie situada ao sul de Heydebreck. A partir de 1940, inúmeros prisioneiros e deportados dos países ocupados pelo Reich, aos quais depois se juntaram os trabalhadores do STO, foram instalados no novo bairro sul de Heydebreck, perto da fábrica.*

Nessas cartas, Léon preferia falar de seus devaneios a descrever suas condições de vida. Entretanto, algumas linhas esclarecem seu estado de espírito:

> Estou bem, mas a comida é insuficiente. [Carta de 6 de julho de 1943]

> Pensei em você durante o dia inteiro e me alegrava por imaginar que conseguiria escrever uma longa carta para você à noite. Agora estou aqui, sentado em meio ao tumulto, com dificuldade de encontrar aquela bendita exaltação do dia [...]. Li durante o dia essa obra maravilhosa, essa obra divina, *Imitação de Jesus Cristo*, e tive vontade de orar. Leio muito pouco, mas medito em minhas leituras passadas e fico maravilhado – assim como meus inúmeros camaradas – com a riqueza e o esplendor que surgem nas minhas lembranças. Tive conversas sobre assuntos de filosofia e de literatura, sem a ajuda de nenhum livro, com uma preparação muito curta, e delas tirei belas satisfações morais [...].

---

* A fábrica foi bombardeada diversas vezes entre 7 de julho e 26 de dezembro de 1944. Essa informação foi confirmada por uma carta recebida por Charlotte da sra. Jauffrion, mãe de um colega de Léon. Em 11 de julho, Charlotte, preocupada, perguntou-lhe se havia recebido notícias do filho. Em 28 de julho de 1944, a sra. Jauffrion respondeu: "Acabo de receber uma carta de meu filho. Ele diz que são bombardeados todos os dias, mas que têm bons abrigos".

Envie-me fotos das crianças, as mais recentes, assim como uma das minhas fotos ampliadas [...]. O sabonete que você faz é uma maravilha. Estou usando ele como sabonete para barbear (faço a barba a cada três dias). [Carta de 18 de agosto de 1943]

Hoje é domingo. Um domingo sem trabalho. Estou preparando uma pequena apresentação, de memória, sobre a obra de Paul Morand, que devo fazer hoje à tarde. Fecho os olhos e me vejo em nosso quarto vermelho. O clima em nossa casa é tão agradável. [...]
Eu queria não abrir mais os olhos. Não ouvir mais a voz dos colegas. Sentir-me verdadeiramente em nossa casa. Estou descendo com Aline. Estamos indo em direção à estação Montparnasse para olhar os brinquedos no centro comercial. Vamos comer um aperitivo na *Coupole*. Minha pequena Aline cresceu muito. Não abrir mais os olhos para a realidade presente... Todos os dias, a caminho do trabalho, passo por um jardim cheio de girassóis e penso nos sóis que você pinta.* [...]
Pude ver de perto um número recente da *L'Écho de Nancy* que anunciava a abertura das escolas para o dia 18, devido ao perigo dos bombardeios aéreos. [...]
Que hora deliciosa eu acabo de passar ao me imaginar com vocês. [Carta de 3 de outubro de 1943]

Estou lendo com muito prazer *Notre avant-guerre*, de Raymond [sic] Brasillach. [Carta de 10 de outubro de 1943]

Como de costume, a frequência das cartas e o envio dos pacotes estavam no centro das preocupações dos detentos:

Escreva para mim no endereço marcado no verso do envelope. Eu escreverei com mais tempo no fim da semana.

---

* Charlotte era pintora.

P.S.: quanto aos pacotes, envie alimentos ricos em vitaminas, não posso cozinhar aqui. Responda por carta expressa, pois elas chegam mais rápido. [Carta de 8 de julho de 1943]

Recebi suas cartas de 12 e 23 de julho, assim como o pacote mencionado: agradeço de todo o meu coração. Não pude escrever para você durante cinco semanas, e sofri por não ter podido fazê--lo. [Carta de 18 de agosto de 1943]

Se não escrevo com maior frequência, é porque não posso. Se dependesse apenas de mim, você receberia ao menos duas cartas por semana. Estou escrevendo esta carta em um quarto ocupado por 24 camaradas barulhentos, é impossível me concentrar. Fui enfermeiro por algumas semanas, o que me permitiu ler muito [...].
Se você tiver dificuldades para enviar o dinheiro, não envie. Eu me viro sem ele. É melhor assim. [...] Podemos receber fotos nas cartas, ao menos foi o que meus camaradas me disseram. [Carta de 25 de setembro de 1943]

Não recebi mais nada desde sua carta de 27 de agosto e estou começando a ficar preocupado. [Carta de 3 de outubro de 1943]

Ficarei grato se você puder me enviar pelo correio uma bolsa de lona resistente, dois pares de meia, três lenços, um sabonete para a barba, um sabonete para o banho, lâminas de barbear, uma escova de dentes e o cachecol marrom que Béatrice fez para mim, e você pode mandar fotos nos pacotes. [Carta de 10 de outubro de 1943]

Se por um acaso precisarmos sair desta obra para irmos para outra, não fique surpresa nem preocupada se durante algum tempo você não receber cartas minhas. [Carta de 10 de novembro de 1943]

Se você quiser pedir ajuda ao sr. De Lys para conseguir enviar o dinheiro indicado [...] eu ficaria muito grato. Com isso eu poderia comprar alguma coisa para complementar minhas refeições. Com o que recebemos, conseguimos aguentar, mas um pequeno complemento não faria mal. [Carta de 11 de novembro de 1943]

É interessante constatar até que ponto as trocas com o mundo exterior eram possíveis. É verdade que Blechhammer não era um campo de extermínio e que Léon, tendo descido na estação de Kosel, não conheceu Auschwitz-Birkenau; ele foi submetido a um regime de trabalho forçado, mas mantinha contato com o exterior graças aos seus colegas do STO ou aos trabalhadores livres que tinham direito a algumas concessões.

Dessa forma, ele pôde manter contato com Charlotte e receber cartas, pacotes e vales. Não temos informações precisas a respeito das condições nas quais esses serviços eram feitos. Repetidamente, ele menciona valores em dinheiro que deveriam ser enviados. O trabalho era remunerado?

Tenho um pedido: retire do valor que a noiva de Nicou lhe entregará a quantia de dois mil francos e envie-os para a sra. Paulette Cormerais, rua Froidevaux, nº 5, 14º distrito, aos cuidados de Léon. Obrigado desde já. [Carta de 8 de julho de 1943]

Meu amigo Nicou está gravemente doente há algum tempo e não pôde se encarregar da entrega dos vinte mil francos prometidos. Ele o enviará assim que puder. [Carta de 18 de agosto de 1943]

O portador desta carta retornará para cá. Organize-se para me enviar uma carta por meio dele. Mande também um dos meus pares de óculos. [Carta de 25 de setembro de 1943]

Faça a gentileza de pedir à sra. Olga Herten, vila Monceau, nº 5, 12º distrito de Paris, que vá visitar você. O marido dela, colega de quarto meu, gostaria de saber se a carta que enviou no fim de agosto foi entregue e ficaria feliz em receber notícias. [Carta de 10 de outubro de 1943]

Você receberá em breve a visita de meu amigo Jean, que está de passagem por Paris durante uma licença. Por favor, dê a ele meu par de sapatos Préciosa, um cinto de couro, a gramática russa da coleção Otto-Sauer com a Clé e o *Diálogo entre Hylas e Philonous* de Berkeley, a *Monadologia* de Leibnitz, meu pequeno cachimbo novo, e qualquer alimento disponível, se meu amigo quiser fazer a gentileza de trazê-lo. [Carta de 30 de outubro de 1943]

Minha querida Lolotte, o portador desta carta, um camarada muito gentil que trabalha na mesma obra que eu e que foi muito elegante comigo, fará a gentileza de lhe fazer uma visita por mim. Você recebeu a visita de meu amigo Jean? Por favor, envie o que puder pelo portador desta carta. Qualquer coisa para comer. E um presente para ele. [Carta de 11 de novembro de 1943]

Ao longo das correspondências, Léon nunca deixava de manifestar sua preocupação com a família e de demonstrar seu afeto:

Diga aos nossos amigos que penso com muito carinho neles. E às [meninas] que meus pensamentos estão nelas a todo instante. Que eu as agradeço de todo o meu coração pela gentileza que têm para com você. Que estou bem e espero revê-las em breve. Minha amada Lolotte, permaneça firme. Nossa separação não durará mais muito tempo. [Carta de 3 de outubro de 1943]

As cartas seguiram-se em um ritmo mais ou menos regular; algumas faziam o trajeto por via postal, outras eram entregues pessoalmente a Charlotte por operários franceses que tinham autorização para transitar:

Acho que meu camarada Brassac não voltará para cá, porque a empresa que o emprega está contratando na França. Também não tivemos mais notícias de meu camarada Jean, que certamente não chegou a lhe fazer uma visita. [Carta de 16 de dezembro de 1943]

Embora o conteúdo das correspondências consistisse majoritariamente em pedidos de envio de cartas e de pacotes e nos procedimentos a serem realizados, Léon se preocupava na mesma medida com o destino de Charlotte e de suas filhas, em saber como ela estava e com quem poderia conseguir ajuda e apoio. Frequentemente, também pedia notícias de seus amigos.

No fim de 1943, Léon foi transferido de local:

Blechhammer, 19/12/1943
A partir de hoje, não trabalho mais no mesmo local, além disso, espero voltar para a França no fim de janeiro, então não me mande mais pacotes.

Em 3 de janeiro, em uma longa carta para Charlotte, ele explicou:

Não escrevi para você nesses últimos dias porque minha situação estava incerta, eu iria deixar de trabalhar para essa empresa. Mas acredito que esse estado de incerteza terminará em alguns dias.

Após muitos detalhes sobre o conteúdo dos pacotes recebidos, ficamos sabendo que notícias da França chegavam até ele:

Ouvi dizer que Paris – ou a região parisiense – teria sido bombardeada nesses últimos dias. Espero receber uma carta sua em breve para ficar tranquilo.
Quanto a mim, estou muito bem. Prefiro muito mais o inverno – principalmente se não for intenso – ao verão daqui. Os dias de trabalho são menos longos e podemos dormir por mais tempo.

(Nós dormimos às oito horas todas as noites.) [Carta de 3 de janeiro de 1944]

Apenas em 6 de fevereiro ele voltou a escrever:

> Como eu havia escrito, foram impostas restrições para as correspondências com o exterior desde o dia 15. Não fique preocupada se receber menos cartas. [...]

E, em *nota bene*, acrescentou:

> Você pode continuar a enviar pacotes, porque acho que ainda ficarei aqui por vários meses.

O que aconteceu? Léon realmente acreditou que poderia ser liberado e desfrutar do mesmo status que os operários franceses que estavam com ele?

As correspondências eram enviadas por colegas de Léon: André Jauffrion, Hilaire, Brassac e possivelmente outros que ajudaram a melhorar seu cotidiano ao lhe permitir receber notícias e pacotes. O circuito de correspondências parece ter sido muito afetado naquele início de 1944. As cartas demoravam para chegar e muitas vezes não chegavam.

Em 9 de maio, Léon escreveu:

> Recebi sua carta de 18 de abril e a foto que a acompanhava. Obrigado de todo o coração. Você me disse que a última notícia recebida datava de 27 de fevereiro. Escrevi seis vezes desde então, especialmente uma carta no último 17 de março [...].
>
> Escreva-me com frequência. Fiquei sabendo que as correspondências estavam chegando com atraso. A última carta guardada está datada de 1º de julho.

Nessa carta, ele anuncia a morte de seu amigo Nicou:

Ele deu entrada no hospital no dia 22 e morreu dois dias depois. Murmurou para mim que se sentia devastado. Fiquei ao lado dele ao longo de toda a sua doença. E foi a mim que ele pediu que registrasse por escrito suas últimas vontades, aos cuidados de seu conselho, na rua de la Boétie, nº 184. [...] O melhor de nós, e todos concordam com isso, se foi.

Após essa carta, o último vestígio de vida que Charlotte recebeu de seu marido foi um bilhete rabiscado às pressas em um pedaço de papel. Ele não está datado. Não sabemos em que circunstâncias ele foi escrito nem como chegou a Paris.

No segundo semestre de 1944, o campo de Blechhammer foi integrado ao sistema dos campos de concentração e anexado ao campo de Auschwitz, tornando-se um *kommando* deste. Os detentos que estavam no local foram evacuados para outros campos. Temos apenas algumas poucas pistas do trajeto de Léon após sua partida. Um operário francês que conheceu Léon no campo confirmou as condições de sua morte, em 26 de janeiro de 1945, em uma estrada na região de Auschwitz.[11]

SIMON COHEN,
por volta de 1940

SIMON
COHEN

Simon Cohen nasceu em 14 de maio de 1908 em Salonica, na época sob dominação do Império Otomano. Era de nacionalidade turca, assim como seu irmão caçula Élie, nascido em 15 de abril de 1913. Simon foi para a França quando tinha apenas 7 ou 8 anos. Quando seus pais se divorciaram, passou a viver apenas com Dona, que morava no *quai* de Seine, n° 67, no 19º distrito, às margens do canal de la Villette. Preso pela polícia de Assuntos Judeus com seu irmão no café *Le Monaco*, situado no 9º distrito, a alguns minutos a pé da sinagoga Buffault, ele e o irmão foram detidos em Drancy em 26 de setembro de 1942, após uma breve passagem pela carceragem da prefeitura de Paris.

Ao chegarem, foram declarados "sem profissão", sendo que na ficha criada no momento da declaração prestada na delegacia Simon indicara ter sido "caixeiro-viajante" e que "não podia comprovar nenhuma nacionalidade". Portanto, foi com sua nacionalidade turca que ele foi registrado no campo, escada 2, quarto 3. Ele praticamente não teve tempo de se familiarizar com o local, porque foi deportado dois dias depois, em 28 de setembro de 1942, no trem n° 38, que partiu da estação de Bourget-Drancy levando a bordo novecentos judeus.

De Drancy, Simon escreveu uma emocionante carta aos pais:

Drancy, noite de domingo*

Amados familiares, escrevo rapidamente esta pequena carta para dizer-lhes que partiremos amanhã de manhã, bem cedo, supostamente para Metz, e de lá não sei para onde iremos; eu já lhes tinha enviado uma carta no sábado, vamos partir sem nenhuma roupa, agora tanto faz, temos que ir, não há nada a fazer, somos mil indo embora, e todos os dias outros se vão. Aqui há franceses, antigos combatentes, idosos, crianças, há de tudo. Não há nenhuma piedade. Então, não saiam de casa e se escondam bem, e não deixem papai ou mamãe sozinhos, porque podem levá-los também. Vivemos momentos de vergonha deitados sobre palha sem nenhum cobertor, recebendo uma sopa que se dá aos porcos. Nossa esperança está em Deus, e é preciso coragem para que nos reencontremos pela graça de Deus. Vocês não podem perder o ânimo e precisam encarar as coisas de frente, porque não receberão notícias nossas pelos próximos cinco ou seis meses, a menos que tudo isso acabe antes. De toda forma, façam o que for necessário para nos trazer de volta, nunca se sabe. Pierre, se Dany lhe trouxer os papéis do consulado, procure o comissário Bouquin, na rua Greffulhe,[12] e peça que ele faça o que for preciso e tome todas as [ilegível] para nos trazer de volta, mesmo que não tenhamos nenhum tostão.

Amada mãe, amado pai, posso imaginar a dor de vocês, mas era chegada a nossa hora. Se não fosse ontem, teria sido outro dia, mas não se preocupem, o bom Deus está com todos os seus filhos. Agora que vocês sabem, tenham muito, muito cuidado com todos, e mamãe pode morar com vocês, serão apenas seis meses e tudo terá terminado.

Georges, cuide de Francine como se fosse eu. Seja para a [ilegível] e não deixe que nada falte a ela, e dê-lhe dez mil francos que devo a ela. Pierre, Adèle, Suzanne, Odette, Georges, Francine,

---

* O dia 27 de setembro de 1942 era um domingo.

peço nesta [ilegível] trágica que jurem fazer tudo pelo papai e pela mamãe. Um abraço de todo o meu coração, também para Élie, e tenham coragem, nós nos veremos outra vez. Cuidem do papai e da mamãe até seus últimos [ilegível].

[Na margem] Papai e mamãe, não se preocupem, nós nos reencontraremos sãos e salvos. Milhares de beijos para todos, precisamos aceitar as coisas como são. Beijos de todo o meu coração. Arnold vai conosco e Jacques está à espera.

O trem chegou a Auschwitz na noite de 29 para 30 de setembro de 1942. No local, 123 homens foram selecionados para o trabalho e receberam os registros de nº 66.515 a 66.637. Entre as mulheres, 48 foram selecionadas. Outros homens sadios, entre 17 e 47 anos, foram retirados do trem na estação de Kosel antes de chegar a Auschwitz. Foi o caso de Simon e de seu irmão.

Simon pôde escrever inúmeras cartas para sua família do campo de Blechhammer, contando com a cumplicidade dos trabalhadores franceses do STO que lhe permitiam escrever utilizando seus nomes. Graças a essa correspondência, ele podia manter uma ligação com sua família e principalmente receber notícias e pacotes. Estes últimos eram particularmente importantes, não apenas para obter um suplemento de comida, mas também medicamentos indispensáveis para a saúde de seu irmão. Élie era epiléptico, razão pela qual Simon pedia em cada uma das cartas que lhe fossem enviados "comprimidos de gardê", isto é, de Gardenal.

Em 3 de maio de 1944, Simon Cohen enviou uma carta para um homem de sobrenome Legrand, residente na rua de Nantes, no 19º distrito de Paris:

Queridos,
Escrevo esta carta com toda a pressa para dizer-lhes que Frangie e eu estamos bem e que não é preciso se preocupar conosco. No último mês, recebi cinco cartas e seis ou sete pacotes [ilegível] e peço que a partir de agora me enviem no máximo dois pacotes por

mês contendo apenas margarina, açúcar, um pedaço de sabonete e de tempos em tempos o gardê [Gardenal].

Nenhuma novidade a respeito do sr. Pentecôte. Soube por meio de suas cartas que Simon também corre o risco de se constipar e que quase não consegue mais escrever. Roger Flandre lhes dará notícias dele, porque sua nova direção não lhe permite nem mesmo conservar um [*ilegível*]? Vocês fazem bem em levar Vicki para um passeio de férias; se for necessário, vocês podem ir todos juntos. Façam o que for preciso. Espero que Denise e Papou estejam bem, assim como todos vocês, e repito que recebi ao todo sete cintas. Despeço-me com um forte abraço em todos. Especialmente para Denise, Papou e Vicki, e para você, Ginette, meus mais carinhosos beijos. Jean

Remetente: Jean Lassagne Lager 49230417 Blechhammer

Terça-feira, 16 de maio de 1944

Meus queridos,

Escrevo esta carta para dizer que Frangie e eu estamos bem, não se preocupem conosco. Nos últimos dez dias recebi quatro cartas que me trouxeram muita alegria, além de diferentes pacotes. A partir de agora, enviem no máximo dois pacotes de cinco quilos por mês com margarina, açúcar e um pedaço de sabonete, e de tempos em tempos, comprimidos de gardê. Soube que Simon tem sido fortemente supervisionado por seus novos patrões e que tem tido muita dificuldade para escrever e que tem feito tudo com [*ilegível*] porque pode se constipar gravemente. Continuo sem notícias de Pentecôte. Fico feliz em saber que Kiki está passeando de férias e espero que nesse momento todos vocês estejam no interior, assim como Denise e Henri, porque sei dos bombardeios com os quais esses porcos ingleses têm assolado Paris. [*ilegível*] imploro que faça, assim como Odette, tudo o que for necessário para isso se ainda não tiver feito, fará minha alegria com Odette [ilegível] e acima de tudo tenha muita coragem. Ginette, pergunto-me se você me esqueceu, acho que não. Termino mandando meu forte abraço para todos, e você, Suzanne, descanse. Muitos beijos em todos.

Pierre

Desta vez, a carta está assinada por alguém chamado Pierre K, tendo o mesmo endereço no campo. Embora o destinatário ainda seja o sr. Legrand, o endereço mudou, passando para a rua de Flandre, nº 61, também no 19º distrito.

A terceira carta está novamente destinada ao sr. Legrand, na rua de Nantes, nº 4. Desta vez, supostamente foi escrita por um homem chamado Roger Daniel:

20 de junho de 1944

Meus amados,

Escrevo rapidamente esta carta para dizer-lhes que estamos bem, não se preocupem. Já faz mais de quinze dias que lhes escrevo e não recebo notícias, a última carta que recebi de vocês data de 15 de maio. Espero que Denise e Henri, assim como todos vocês, estejam no interior [*ilegível*] dos acontecimentos. Roger Flandre está de novo conosco, vocês podem continuar enviando pacotes para ele, assim como comprimidos de gardê [Gardenal], Néocodion, sabonete, quatro ou cinco cintas porque ele vive [ilegível], e mandem também uma carta gentil para ele, assim como para a mãe dele, porque ela não foi muito bem recebida pela mãe de Pierre, e ele ficou bastante envergonhado, pois é muito prestativo. Frangie está bem. Espero que Vicki também esteja bem, assim como Ginette, e continuo aguardando ansiosamente por notícias suas. Termino deixando meu forte abraço para todos vocês, especialmente para Denise, Kiki e Henri.

A última carta conservada de Simon Cohen data de 28 de junho de 1944:

Meus amados,
Escrevo rapidamente esta carta para dizer-lhes que Frangie e eu estamos bem. Já faz mais de três semanas que não recebo [mais] notícias suas, a última carta data de 15 de maio, assim como o pacote. Espero que Denise e Henri, assim como Suzanne e todos vocês estejam no interior, fiquem firmes, os bons dias estão chegando. Por favor, escrevam para Roger Flandre e também para a mãe dele uma carta de desculpas, porque ela foi mal-recebida pela mãe de Pierre, e Roger é um rapaz muito prestativo que faz grandes favores. Por favor, enviem-me gardê, Néocodion ou outros remédios, porque minha bronquite não me abandona, um pouco de sabão e cinco cintas, como da última vez, porque estou vivendo com as três que restam. Aqui, segue o Senhor espanto, e quanto a Pentecôte, continuo sem notícias. Cuidem-se bem e não fiquem preocupados conosco. Enviem-me dois, três pacotes por mês para cá mesmo. Cuidem bem de Denise, Henri, Kiki e de todos vocês, que devem estar vivendo momentos terríveis. Mandem lembranças a Ginette, de quem continuo à espera de notícias. Um forte abraço para todos vocês, especialmente pro papai, Denise e Kiki.

Assim como a carta anterior, esta última foi assinada por Roger Daniel. As cartas enviadas por Simon Cohen passavam pelo serviço regular de correio. Elas são seladas e o carimbo indica "Heydebreck". O campo de Blechhammer carrega o nome alemão da pequena cidade atual de Blachownia, situada entre o vilarejo de Sławięcice e a cidade de Kędzierzyn--Koźle na Alta Silésia, no sul da Polônia. Heydebreck era o nome alemão da cidade polonesa de Kędzierzyn-Koźle durante a guerra.

Todas as cartas enviadas do campo de Blechhammer foram escritas pelas mãos de Simon. A leitura delas é difícil, não somente devido à má qualidade das cópias, mas também porque Simon utiliza uma linguagem codificada que não é simples de ser decifrada. Podemos ao menos definir que "Frangie" é Élie, irmão de Simon. Os dois foram deportados, ficaram juntos durante todo o período de deportação e retornaram. As pessoas citadas são pessoas próximas à família, irmãs, cunhados, amigos etc.

No momento da evacuação do campo, Simon se escondeu com seu irmão e alguns camaradas no depósito de carvão. Eles foram libertos pelo Exército Vermelho em 30 de janeiro de 1945. O repatriamento levou algum tempo e foi feito por avião, devido ao estado de saúde dos dois irmãos. Simon, assim como Élie, não falou sobre a deportação. Cópias das cartas foram conservadas por Liliane, uma de suas irmãs, que morava em Marseille. Os documentos originais até hoje não foram encontrados.

Simon Cohen faleceu em Paris em 1996.[13]

JACQUES FEUERSTEIN,
1940

JACQUES FEUERSTEIN

Embora a imensa maioria dos deportados judeus da França não tenha podido dar notícias após a deportação, outros tiveram diversas oportunidades. É o caso de Jacques Feuerstein, cujo percurso foi, por muitos motivos, extraordinário.

Jacques, cujo nome verdadeiro era Efraïm Jakob Feuerstein, foi preso em 8 de novembro de 1943 na praça Bellecour, em Lyon. Esse rapaz, descrito por seus colegas como enérgico e cheio de vida, nasceu em 5 de abril de 1922 em Dobczyce, na Polônia. Vivia com seus pais em Metz, onde estudava Direito. Em 1941, integrou a "Sixième", movimento de resistência dos Escoteiros Israelitas da França. Seu trabalho consistia principalmente em escoltar crianças judias refugiadas da Áustria e da Alemanha até esconderijos, instituições ou casas de camponeses. Trabalhando em Clermont-Ferrand, tinha contato regular com Alice Ferrières, professora de matemática no colégio de Murat, no departamento de Cantal, para fornecer ajuda e abrigo aos judeus perseguidos. Transferido para Lyon por seu grupamento, foi encarregado de organizar um laboratório de produção de documentos falsos que seriam fornecidos a judeus e fugitivos do STO.[14]

Jacques foi preso e detido sob a falsa identidade de Jacques Forgeot, e é com esse nome que ele figura na lista do trem nº 63, que deixou a estação de Bobigny em 17 de dezembro de 1943. Ao chegar a Auschwitz-Birkenau, recebeu o número de identificação 169.794.

O arquivo da DAVCC[15] nos informa que chegou à UGIF uma carta assinada por Jacques Forgeot, registrada sob o nº 3.456, em 27 de março de 1944, e que foi endereçada a uma mulher de sobrenome Feracci. Residente na comuna de Riom, no departamento de Puy-de-Dôme, era vizinha dos pais de Jacques. Ao escrever para ela, Jacques sabia que seus pais receberiam suas notícias sem que para isso fosse necessário revelar a identidade e o endereço deles. Dessa forma, ficamos sabendo que, quando escreveu a carta, estava no campo de Monowitz. A ficha da UGIF não menciona nenhuma carta de resposta endereçada a Jacques. No entanto, essa história não acaba assim. Encontramos outra correspondência, também endereçada à sra. Feracci, desta vez assinada com o nome Jacques Vacher. A carta é datada de 10 de julho de 1944 e o carimbo do correio de Auschwitz indica o dia 12. Escrita em francês, ela não passou pelo circuito da *Brief-Aktion*:

> Remetente:
> Jacques Vacher
> CJF equipe 25
> Lager II West Auschwitz O/S
> Deutschland
> Auschwitz, 10-07-1944
>
> Prezada,
> Escrevo estas poucas palavras para dizer-lhe que recebi sua carta de 9 de junho. Estou muito feliz em receber suas notícias e saber que todos estão bem e que receberam minhas cartas. A senhora diz que seu quinto pacote foi enviado. Espero recebê-lo; até hoje, recebi os quatro primeiros em ótimo estado. Se a senhora puder me enviar feijão e macarrão, tenho como cozinhá-los aqui. Enfim, a senhora sabe que qualquer coisa me deixará contente. Por aqui, a saúde está razoavelmente boa, assim como os ânimos. Aguardo ansiosamente pelo fim dessa guerra. Por enquanto, o trabalho é razoável e não é penoso demais. Espero que vocês estejam bem. Mande lembranças de minha parte a todo mundo. Até breve, Jacques.

Vacher é outro pseudônimo utilizado por Jacques ou se trata de um trabalhador livre que lhe serve de testa de ferro? A segunda opção é a mais provável, pois descobrimos que ele podia escrever e receber pacotes, o que era oficialmente proibido aos deportados judeus. O Lager II West (o nome completo era Lager II West Buchenwald) era o campo dos operários do STO localizado perto do campo de Monowitz. Os operários do STO eram organizados em equipes, o que explica a menção que figura no endereço do remetente. Eles tinham o status de trabalhadores livres, não pertencendo, portanto, ao sistema concentracionário. É por isso que eles podiam escrever em francês e receber pacotes. Esse era o caso de Jacques, que afirmou ter recebido vários pacotes e esperava receber outros. O trabalho não era penoso demais, disse ele mais uma vez, e a saúde continuava razoável. Essa carta é a última escrita por ele que foi conservada.

Nos arquivos do Instituto Yad Vashem, em Jerusalém, estão guardadas fotocópias de alguns documentos relativos a Jacques Feuerstein. Entre eles, está a carta escrita no âmbito da *Brief-Aktion*, mas cuja qualidade é tão ruim que é impossível transcrevê-la. No instituto existe também outra carta arquivada que fora escrita por Jacques Vacher, assinada com seu apelido "Fayot", e anterior à carta do Memorial. Ela fornece preciosas informações:

> Auschwitz, 18 de março de 1944
> Aproveito meu aniversário para lhes dar notícias após tanto tempo. Continuo muito bem e o trabalho está caminhando graças aos pacotes que vocês têm me enviado. Continuo com uma boa aparência. Agradeço muito pela [*ilegível*] banha e 10 kg por semana, é muita gentileza. Continuo com meu amigo de Lyon. Nada mudou. Escrevam mais vezes. Em alguns dias, enviarei uma segunda carta que lhes dará muito mais detalhes. Espero que esta pequena carta contenha informações suficientes para que vocês não fiquem preocupados demais. Todos os dias fico à espera de notícias suas. Mandem lembranças a Denise, Joseph, Gisèle, Pierre Z. e a todo mundo.
> Jacques Fayot[16]

JACQUES FEUERSTEIN

Essa carta é a prova de que Jacques pôde manter uma troca regular de correspondências com seus pais, por meio da vizinha, a sra. Feracci. Graças aos envios dos pacotes, ele pôde manter-se em pé, mas sabemos que esse rapaz de atitude admirável também compartilhava o que recebia com seus camaradas.

Após a guerra, testemunhos de colegas de deportação confirmaram que ele ainda estava em muito boa forma no momento da evacuação do campo de Auschwitz e de seus *kommandos* em janeiro de 1945, rumo a Gleiwitz.

Em uma carta datada de 26 de julho de 1945, Jean-Paul Blum,* companheiro de deportação de Jacques, conta à irmã dele sobre seu trágico fim:

> Prezada,
> Para mim, é uma triste tarefa respondê-la, porque infelizmente as notícias que posso lhe dar de seu irmão não são boas.
> Eu conhecia Jacques muito bem, até mesmo construí um laço de amizade com ele. Trabalhamos por muito tempo no mesmo *kommando* e, no momento da evacuação em janeiro, permanecemos juntos para enfrentar a terrível viagem. Como o Dr. Waitz pôde lhe contar, Jacques ainda estava muito bem em Gleiwitz. Em seguida, fomos embarcados em um trem e, mais uma vez, fomos parar no mesmo vagão. A terrível viagem que custou a vida de quase metade dos que ali estavam também foi fatal para seu irmão. É extremamente difícil para mim contar-lhe isso, mas de nada adiantaria eu acalentá-la com [*ilegível*] ilusões que cedo ou tarde seriam destruídas de todo jeito. Jacques não chegou a concluir essa trágica viagem, mas foi poupado de muitos sofrimentos posteriores.
> Um de nossos colegas, Robert Francès, que vive na rua de Civry, nº 25, 16º distrito de Paris, que estava conosco no vagão, poderá confirmar o que digo, se a senhora desejar.

---

* Jean-Paul Blum nasceu em 4 de abril de 1921 em Strasbourg. Deportado no trem nº 68, de 10 de fevereiro de 1944, seu número de identificação em Auschwitz era o 173.723.

Deixo-lhe, com toda a minha simpatia, os meus mais sinceros sentimentos.

Robert Francès* também respondeu ao pedido de informações a respeito de Jacques.¹⁷

Em 8 de agosto de 1945, ele escreveu:

Prezado,
Como o senhor imaginou, sua carta me fez mergulhar novamente em lembranças extremamente dolorosas. O caso de seu irmão é particularmente trágico. Fayot era um excelente rapaz que todo mundo amava por sua energia e sua conduta irrepreensível. Em Monowitz, o professor Waitz e Jacques Feldbau,** enfermeiros franceses do meu trem, interessaram-se especialmente por ele, e Jacques lhes dava comida às escondidas.

Saindo de Gleiwitz, em 10 de janeiro, ele subiu em nosso vagão, onde 200 pessoas amontoadas corriam grande risco de morrerem sufocadas. Jacques Fayot, J. P. Blum e eu formamos um grupo muito solidário e nos protegíamos com todas as nossas forças. Fayot tinha uma coragem e um companheirismo admiráveis. Não recebíamos nenhuma comida durante os nove dias de viagem, em vagões descobertos, debaixo de neve e do vento congelante, tendo que nos defender dos ataques dos brutos poloneses que tentavam nos matar a golpes ou estrangulados. Uma noite, fizemos uma parada em Praga e pães foram jogados para nós pela população tcheca. Por um milagre, Jacques e eu conseguimos pegar um pão

---

* Robert Francès, nascido em 4 de dezembro de 1919 em Brusa (Bursa), na Turquia. Seu número de identificação em Auschwitz era o 157.034. Libertado na Baviera em 27 de abril de 1945, foi repatriado em 6 de junho de 1945.

** Professor de matemática, Jacques Feldbau nasceu em Strasbourg em 22 de outubro de 1914. Membro da "Sixième", assim como Jacques Feuerstein, foi preso em Clermont-Ferrand em 25 de junho de 1943 e deportado no trem nº 60. Morreu em 22 de abril de 1945 em Ganecker, na Baviera, alguns dias antes da Liberação.

cada, que dividimos com Fayot e com Jean-Paul. Mas todas aquelas atrocidades tinham perturbado nossa razão. (Eu mesmo tive várias noites de delírio enquanto aqueles que estavam quase morrendo, sufocados sob os nossos pés, arranhavam minhas pernas.) Fayot subitamente perdeu seu controle e não reagiu mais. Ele se deixou lançar de um canto a outro do vagão, queixando-se de uma extrema fraqueza e de dores na cabeça. Três dias antes do fim desse martírio, os soldados da SS (em Dresden, acredito) mandaram abrir os vagões para evacuar os mortos (nós já os tínhamos jogado para fora do trem) e retirar os "doentes". Fayot, apesar de nossas súplicas, quis descer. Amontoaram os doentes por cima dos mortos, e os tiros que ouvimos alguns minutos depois deixaram claro que não havia mais ninguém vivo na plataforma da estação.

Ao chegarmos a Oranienburg, éramos apenas 35 (de 200).

Detenho-me por aqui – busco em vão alguma ideia que possa consolá-lo pela perda de um irmão e de um amigo tão simpático.

Atenciosamente,

R. Francès

Os terríveis depoimentos dados por Jean-Paul Blum e Robert Francès a respeito das últimas horas de Jacques foram escritos pouquíssimas semanas após seu repatriamento. As atrocidades que eles viveram ainda estavam muito vivas em suas memórias. Dessa forma, responderam à família e ao seu pedido, à sua necessidade pungente de saber quando e como ele fora assassinado, para abandonar qualquer esperança de vê-lo retornar e poder viver o luto.[18]

Terceira parte

A LIBERAÇÃO

Em 27 de janeiro de 1945, o Exército Vermelho descobriu o campo de Auschwitz, bem como os sete mil sobreviventes que ali restaram, doentes ou fracos demais para participar da evacuação, as assustadoras "marchas da morte" organizadas pelos soldados da SS, e abandonados à própria sorte por seus carcereiros.

Essa liberação não foi o fim do calvário dos deportados. Muitos deles morreriam pouco tempo depois em consequência de doenças e de tratamentos inadequados. Apenas os mais resistentes sobreviveram. Para estes últimos, a urgência passou a ser abandonar aquele inferno e reencontrar sua pátria e sua família: "De noite, sonho que estou no trem a caminho de casa", escreveu André Berkover, que foi preso e deportado para Auschwitz aos 15 anos com seu irmão mais novo. Segundo trabalhos recentes, apenas pouco mais de 5% dos judeus deportados da França no âmbito da Solução Final (e cujo nome se conhece) retornaram.

Mas como voltar para casa em um momento em que a Europa ainda se convulsionava e em que a implacável queda do Reich estava para provocar um caos humano e material nunca antes visto no Velho Continente? Naquele ano de 1945, a desorganização era total. Para os antigos deportados, as vias de retorno eram longas e complicadas: ele acontecia por meio de barco, avião, trem e às vezes até mesmo caminhão, passando por Odessa, Praga ou Munique, de acordo com o local de partida e por quem tinham sido libertados.

Assim que podiam, os deportados escreviam para suas famílias que ficaram na França, e já não havia mais censura; a expressão a partir de então se tornou livre. Eles dão informações sobre seu estado de saúde e sobre as condições de sua libertação: "Estamos felizes aqui, agora estamos comendo bem, mas nosso estômago não está mais acostumado com as boas coisas, então ficamos todas doentes, mas não é nada grave", escreveu Mireille Minces aos seus próximos.

Alguns tentam contar: "Muitas vezes tive fome. Precisei revirar o lixo em busca de folhas de repolho e batatas velhas e tinha muito trabalho", escreveu Simone Haas, presa e deportada em 1944. Outros eram evasivos: "Quando eu estiver com vocês, contarei (o que) sofri", relata Mireille Minces.

Em algumas cartas, os antigos prisioneiros deixam sua raiva por seus algozes rebentar e clamam por vingança: "Quero que vocês saibam que todas as ações de repressão e vingança nunca serão demais contra aqueles que inventaram esse campo", escreveu Yvonne Lévy para seus filhos. Deportada junto com seu marido, Marcel, eles se despediram pouco antes da terrível seleção ao chegarem ao campo para nunca mais se verem. O mesmo sentimento estava presente em Hirsch Abel, nascido na Rússia e deportado em agosto de 1944, em um dos últimos trens: "O que vi aqui era um modelo de campo de destruição de seres humanos, mas agora são eles que estão atrás das cercas de arame farpado, isso é justiça".

Agora livres, muitos deles estavam enfadados e ansiosos pelo repatriamento. Alguns jogavam baralho, iam ao cinema ou assistiam aos espetáculos organizados pelo Exército Vermelho. A convivência com seus libertadores ocorria bem, mesmo que a comunicação fosse difícil: "O problema é que nós não falamos a língua deles, quando conversam conosco, não entendemos o que dizem e eles riem como crianças, são pessoas simpáticas", diverte-se Hirsch Abel, que, no entanto, vinha do mesmo país.

Esse conjunto de cartas é extremamente interessante, embora reduzido. Ao retornarem à França, os deportados se dedicaram a reconstruir suas vidas, suas famílias. Suas cartas, quando conservadas, eram deixadas no fundo de gavetas. Muitas foram descobertas por seus descendentes, que tiveram o ímpeto de estudá-las e divulgá-las.

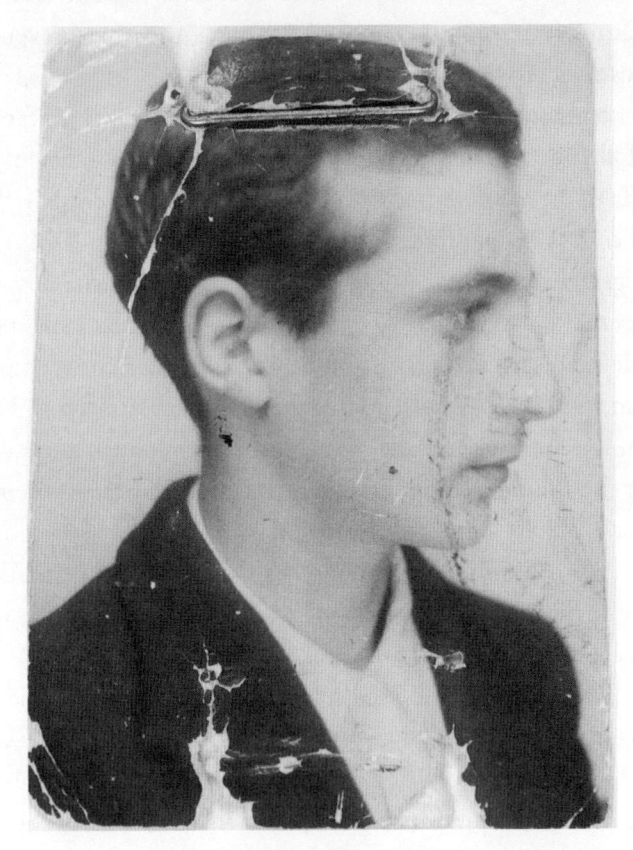

ANDRÉ BERKOVER,
1945

ANDRÉ
BERKOVER

André Berkover é filho de Sophie e Benjamin Berkover. Sophie nasceu na Romênia, Benjamin na Polônia, e foi em Paris que eles se instalaram para construir uma família. Viviam na rua Félix-Terrier, nº 2, no 20º distrito de Paris, próximo à Porte de Bagnolet. André, filho caçula, nasceu em 29 de julho de 1929. Antes dele nasceram uma menina, Renée, em 1916, e um menino, Guy, em 13 de junho de 1924. Também tiveram Marcelle, que faleceu ainda pequena.

Quando a guerra foi declarada, André era estudante e ainda vivia com seus pais, assim como Guy, que, no recenseamento de 1940, declarou ser impressor aprendiz.

Em um dia de maio de 1944, Guy foi preso por dois policiais franceses enquanto saía das duchas municipais. Ele foi conduzido à delegacia do 20º distrito, na praça Gambetta. Vendo que ele não voltou para casa, toda a família ficou preocupada. Foi por meio de um colega de sala, cujo pai era policial no bairro, que receberam a notícia. Então, Sophie decidiu ir à delegacia para defender seu filho e reivindicar sua liberação. O jovem André a acompanhou, mas de nada adiantou; Guy permaneceu preso e, no dia seguinte, foi transferido para a carceragem da delegacia da Île de la Cité. Ficou ali por uma semana até ser conduzido para o campo de Drancy, onde foi registrado em 31 de maio de 1944.

A LIBERAÇÃO

Temendo também serem presos, os outros membros da família decidiram se esconder. Encontraram refúgio na casa da tia Marie, esposa do irmão de Benjamin, Juda Berkover,* preso em julho de 1942 e deportado quase imediatamente. Tia Marie escapara por pouco da detenção graças a uma conhecida que trabalhava na delegacia e que retirara seu nome do arquivo de recenseamento. Ela vivia na rua de Bagnolet, a doze minutos a pé da residência de seu cunhado. Já fazia um mês que eles estavam escondidos, sem chamar a atenção. Mas eles precisavam se abastecer. Sophie e André foram ao apartamento da rua Félix-Terrier para pegar alguns pertences, especialmente roupas. Sophie aproveitou para fazer compras no mercado, deixando seu filho no apartamento. Talvez tenha sido a denúncia de algum vizinho que notou a movimentação que tenha levado os policiais ao local. Eles prenderam André e aguardaram tranquilamente o retorno de Sophie. Nesse mesmo dia, 28 de junho de 1944, Philippe Henriot** foi assassinado por resistentes.

André e sua mãe foram levados diretamente para o campo de Drancy, onde encontraram Guy, que estava detido ali havia um mês. Nas fichas criadas em seu registro, o *"kommando* Drancy" é mencionado como a origem de sua detenção. Esse *kommando* foi instituído por iniciativa de Alois Brunner, comandante da SS que dirigia o campo de Drancy havia cerca de um ano. Era formado por equipes encarregadas de prender as famílias dos que já estavam detidos no campo, a fim de reuni-los e deportá-los juntos. Dois dias após terem se encontrado, Guy, sua mãe e seu irmão André foram levados de ônibus à estação de Bobigny, de onde partiram no trem de 31 de junho de 1944.

---

* Juda Berkover nasceu em 11 de setembro de 1898 em Varsóvia. Preso em 16 de julho de 1942, foi deportado no trem nº 7, de 19 de julho de 1942. Ele não retornou da deportação.

** Político francês da extrema direita, Philippe Henriot foi, durante a Segunda Guerra Mundial, uma das figuras da propaganda pró-alemã. Em 1943, integrou a Milícia Francesa e, em janeiro de 1944, tornou-se secretário de Estado para a Informação e Propaganda do governo de Laval. Foi assassinado pela Resistência em 28 de junho de 1944. Em represália, a Milícia realizou execuções em todo o país.

A viagem durou mais de três dias. Eles eram oitenta por vagão, era verão e o calor era insuportável. Alguns tentaram fugir. O trem parou, houve um fuzilamento e os corpos foram lançados de volta no trem.

Na chegada a Birkenau, os homens e as mulheres foram separados. Apesar de ser muito jovem, André passou pela seleção. Como não queria se separar de seu irmão, declarou ter 16 anos. Os dois entraram no campo e foram registrados. Guy recebeu o nº de identificação 16.574, e André o nº 16.572. A mãe deles, Sophie, que tinha a saúde frágil, provavelmente foi mandada para a câmara de gás no mesmo instante.

Após algumas semanas de quarentena em Birkenau, eles foram transferidos para o campo de Monowitz, que ficava a cerca de sete quilômetros – distância que percorreram a pé. Ao chegarem, André e o irmão não foram alojados no mesmo bloco. Eles foram designados para um *kommando* que fazia terraplanagem. Era um trabalho extenuante, que os ocupava das cinco horas da manhã às seis da tarde. Nos inúmeros depoimentos que deu, André relatou a barbárie dos soldados da SS, a encenação da orquestra que acompanhava a ida e a volta dos *kommandos* que saíam para o trabalho, os chamados intermináveis, o frio, o calor insuportável, a raspagem de cabelo. Ele também falou da companhia dos operários do STO, os trabalhadores forçados franceses; alguns lhes davam o que comer ou faziam algum escambo. Embora estivessem a vários quilômetros do campo de Birkenau, sentiam o cheiro de queimado.

Guy esmoreceu antes de seu irmão, mas era um homem robusto, saudável, que havia sofrido mais privações, ao contrário de André, que ainda era um adolescente franzino. Passou vários dias na enfermaria e sofreu com as mordidas de pulgas e piolhos. As seleções eram frequentes, e os mais fracos eram eliminados. Durante uma dessas seleções, seu número foi destacado. André conseguiu tirá-lo das listas e escondeu o irmão nas latrinas.

Em 18 de janeiro de 1945, os prisioneiros que ainda eram capazes de se manter em pé foram levados para a estrada. André era um deles. Deram-lhes três porções de pão, salsicha, margarina e um cobertor. Guy estava na enfermaria, incapaz de caminhar; André se despediu dele com muita dor.

A LIBERAÇÃO

Os prisioneiros se puseram a caminho no início da tarde, em um momento em que havia mais de um metro de neve na estrada. Ao longe, ouviram o barulho de canhões. Eles caminhavam durante todo o dia e toda a noite, e os retardatários eram abatidos. Chegaram ao campo de Gleiwitz, que acabara de ser evacuado. Dois dias depois, voltaram à estrada. Foi durante essa evacuação, aproveitando um fuzilamento, que André abandonou o grupo e fugiu em direção à floresta. Encontrou refúgio em uma fazenda de camponeses poloneses, onde ficou escondido por uma semana até a chegada das tropas soviéticas, que se encarregaram dele.

André sobreviveu, mas seus pés ficaram congelados. Para receber os cuidados necessários, foi levado para Gleiwitz, a uma escola que fora transformada em hospital. Passou um mês ali e depois foi transferido para o centro de repatriamento de Katovice. O rapaz, que ainda não tinha 16 anos e acabara de ser liberto dos campos, escreveu duas cartas para seu pai e sua irmã, mas endereçou-as à srta. Debruyne, uma amiga católica de sua mãe, porque não sabia se a família ainda estava em Paris:

> Gleiwitz, 12/03/1945
> Querido papai, querida Renée, querida Céline,
> Escrevo esta breve carta para lhes dar notícias muito boas. Espero que vocês tenham recebido minha última carta e que estejam a par da minha situação. Fui levado para Katovice, onde fiquei por uma semana em um grande hotel ocupado pelo Exército Vermelho, e de lá fui transferido para Gleiwitz, para o hospital onde estou agora. Estou me alimentando muito bem e tenho mais comida do que preciso.
> Estou quase curado, e o médico disse que daqui a três ou quatro dias poderei sair do hospital, e então poderei voltar para Paris e encontrá-los. Há muitos franceses que voltaram para a França saindo de Cracóvia, Katovice e Gleiwitz.
> Quanto a vocês, espero que estejam todos bem e que tenham bom ânimo. Acho que não tenho mais nada a dizer, um abraço muito forte em todos. Até logo.

Dédel
P.S.: Mandem um abraço meu ao sr. e à sra. Krob, e também a Jacky.

Nessa primeira carta, André não se atreveu a falar de seu irmão Guy, de quem não teve nenhuma notícia desde que se separaram em Auschwitz. Teria ele a esperança de que o irmão tivesse sobrevivido e escrito à família?
A segunda carta foi enviada duas semanas depois:

Gleiwitz, 30/03/1945
Querido papai, querida Renée, querida Céline,
Envio esta pequena carta para dar boas notícias minhas. Espero que vocês tenham recebido minhas últimas cartas e que estejam a par da minha situação. Neste momento, estou em Gleiwitz, na escola da cidade que foi transformada em hospital; estou bem aqui, mas gostaria de voltar para Paris e reencontrá-los. Sei que é possível, porque muitos franceses já voltaram para a França. Para isso, eu precisaria falar com um comandante ou com um capitão, mas não sei falar russo e isso está me atrapalhando. Eu poderia tentar o alemão, mas eles não entendem bem a língua e eu também não; se eu soubesse falar russo, talvez já estivesse em Paris; é por isso que agora estou nervoso, durante a noite sonho que estou no trem a caminho de casa. Apesar de tudo, espero conseguir ir a um centro de encontro de franceses em Cracóvia ou em Katovice e de lá partir. De toda forma, se eu não puder voltar agora, tenho certeza de que retornarei em dois meses, isto é, no fim da guerra.
Agora estou completamente curado e muito entediado porque não tenho ninguém [com] quem conversar, enfim, é preciso ter paciência. Quanto a vocês, como estão? Espero que todos estejam bem. Como está tio Bernard, está trabalhando? Tio Maurice, tia Cécile, Nénette e R [...] voltaram para Paris? Tia e vovó Marie estão trabalhando, como está Monique? Ela deve estar uma mocinha agora. Enfim, contem-me as novidades. Como está Paris?

Respondam-me, mas espero estar de volta antes que a resposta chegue.

Acho que não tenho mais nada a dizer, um abraço muito forte em todos, até logo.

Dédel

P.S.: Mandem um abraço meu ao sr. e à sra. Krob, e também a Jacky. Este é o meu endereço: Berkover André, Poliva Protchta nº 03218, Gleiwitz.

De Katovice, André foi levado de trem até Odessa, aonde chegou em 1º de maio de 1945. Alguns dias depois, estava a bordo de um navio neozelandês que, após cinco dias de travessia, deixou-o em Marseille.

Assim que desembarcou, enviou um telegrama à família para informar sobre sua chegada. Era 10 de maio de 1945, o armistício fora assinado dois dias antes e a guerra estava terminada. Na mesma noite, pegou um trem que o levou até Paris. André foi à casa da srta. Debruyne, que lhe disse que sua irmã e seu pai estavam sãos e salvos. No fim das contas, André chegara antes das duas cartas que havia escrito em Katovice. Seu irmão Guy não sobreviveu.

André Berkover faleceu em 22 de agosto de 2018. Ele próprio confiou essas duas cartas ao Memorial da Shoá.[1]

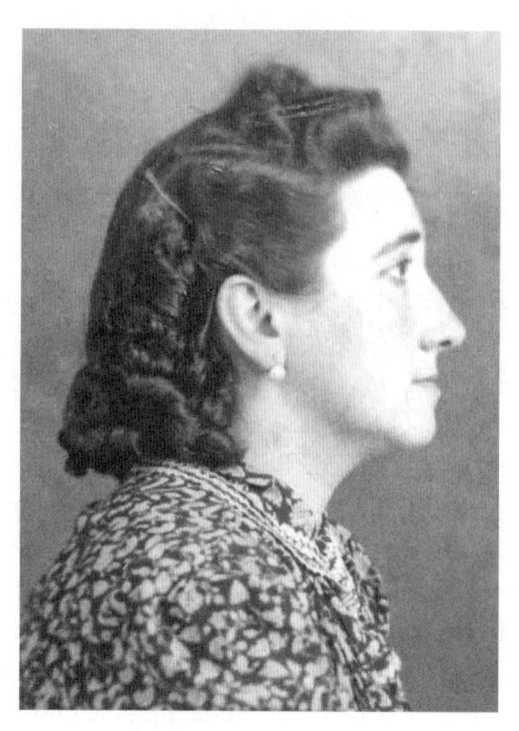

MIREILLE MINCES,
1942

MIREILLE MINCES

Mireille Rajchsglit nasceu em Varsóvia no dia 25 de setembro de 1904. Casada com Bernard Minces, é mãe da pequena Yvonne, que nasceu em Paris em 1937. A partir de 1938, fez inúmeras visitas ao departamento de Sarthe, e foi em Saint-Léonard-des-Bois – um pequeno vilarejo a sessenta quilômetros ao norte de Le Mans – que ela se instalou após seu marido ter sido preso e detido no campo de Pithiviers, em 14 de maio de 1941. Em Saint-Léonard, trabalhou como faxineira na casa de um professor do vilarejo. Três anos depois, em 26 de janeiro de 1944, ela foi presa com outros sessenta judeus e transferida para o campo de Drancy. Foi deportada alguns dias depois no trem de 10 de fevereiro de 1944 com destino ao campo de Auschwitz-Birkenau. Ela sobreviveu ao inferno do campo de concentração e escreveu três cartas para a família em maio de 1945. Repatriada para a França em 24 de maio, reencontrou a filha e o marido, que fugira do campo de Pithiviers em 6 de abril de 1942 e não fora deportado.

Mireille Minces faleceu em 1993.[2]

> Minces Mireille
> G.01668312
> Campo de Belsen
>
> Sra. Y. Foucher

Au Camp de Pas
St-Léonard-des-Bois Sarthe
(França)

28-4-45

Meus amados. Após 14 meses, finalmente tenho a alegria de escrever para vocês. Estou bem e aguardo ansiosamente pelo retorno, que acontecerá, segundo dizem, daqui a um mês. Eu gostaria muito de saber se todos vocês estão bem, você, meu amado Bernard, minha amada Simone e o querido padre Foucher. Um abraço de todo o meu coração. Mandem lembranças ao sr. e à sra. Collet, ao sr. e à sra. Landais e a todos os nossos amigos.
Meu coração pertence inteiramente a vocês, até breve.
Mireille

1º de maio [1945]
Meus amados,
Quase 15 meses já se passaram. Escrevo para vocês, meus amados, e espero que ao retornar eu os encontre sãos e salvos. Quanto a mim, estou bem, apenas um pouco cansada. Mas tudo bem, só de pensar que logo verei vocês meu coração bate com mais força. Querido, imagine que seu irmão Henri está ao [meu] lado, ele volta amanhã para Paris e verá vocês antes de mim, (talvez) ainda nesta semana. Ele lhes dirá que não estou com um mau semblante, que estou bem. Quando eu estiver com vocês, contarei (o que) sofri. Um beijo de todo o meu coração. Vocês receberam minha carta? Como estão o querido padre Foucher, os Landais e sua família. Minha menina já fez a primeira comunhão, ela já deve estar uma mocinha, não é? E você, meu querido, logo estarei em seus braços, quero poder deixar minhas lágrimas brotarem, porque [...] sufocando.
O querido Henri parte amanhã, se você visse quantas coisas boas ele me trouxe para comer, para nós, porque somos cinco

camaradas, estávamos privados de tudo. Estamos felizes aqui, agora estamos comendo bem, mas nosso estômago não está mais acostumado com as coisas boas, então ficamos todas doentes, mas não é nada grave. Recebemos a visita da Cruz Vermelha, logo estaremos ótimas. Henri achou que [não] estou tão mal. Estou emagrecendo, mas de [ilegível]. Mas minha aparência está boa, mil beijos para vocês que mais amo no mundo. Mandem lembranças para R [...] e Roger e o pequeno, e para toda a vila de St-Léonard. Como Zelda está? Cumprimentem o sr. e a sra. Simon e a filha deles.

Sua de todo o coração
Mireille, até breve

Meus amados,
2 de maio
Aproveito a oportunidade de escrever porque nossos queridos soldados partem amanhã para a França, eles vão fazer a gentileza de levar nossas cartas. Meus amados, acho que logo voltaremos para a França, ainda [não] sabemos a data exata, mas com certeza será em breve. Minha filha amada, seu tio me disse que você escreveu a ele dizendo que [fez] sua primeira comunhão. Eu queria tanto estar na sua segunda comunhão, minha menina, quem sabe, até logo, minha boneca, dê um beijo em seu papai por mim de todo o coração, e também [em] sua madrinha e principalmente em seu padrinho. Dê um abraço muito, muito forte no querido padre Foucher. De sua amada mamãe e mulher.

Mandem lembranças para o Landais.
Mireille

Sra. Foucher
Au champ de Pas
St-Léonard-des-Bois
Sarthe

Carta escrita por Mireille Minces
no campo de Bergen-Belsen, onde foi libertada,
em 28 de abril de 1945.

JEAN GOTFRYD,
1946

JEAN GOTFRYD

Zelik (Jean) Gotfryd nasceu em 21 de junho de 1923 em Varsóvia. Quando a guerra foi declarada, ele vivia em Paris, na rua des Partants, nº 4, 20º distrito. Preso e detido no campo de Drancy em 31 de maio de 1944, foi deportado um mês depois para o campo de Auschwitz no trem nº 76, sendo aprovado na seleção para o trabalho. Foi designado para o campo de Monowitz e ali permaneceu até sua libertação pelo Exército Vermelho em 27 de janeiro de 1945. Transferido para Katovice a fim de se restabelecer, foi repatriado via Odessa e Marseille. Regressou a Paris em 12 de maio de 1945.[3]

Jean Gotfryd faleceu em julho de 2013.

> Jean Gotfryd
> Abrigado no antigo campo de Auschwitz Bloco 18
> Alta Silésia
>
> Para
> Família Gotfryd
> Rua des Partants, 4
> Paris 20

A LIBERAÇÃO

Auschwitz, 13 de fevereiro de 1945

Queridos mãe, irmãos e irmãs,
Escrevo estas poucas palavras na esperança de que elas cheguem às suas mãos o mais rápido possível. Escrevo também o mais rápido que pude para que vocês saibam que ainda estou vivo, para lhes trazer um pouco de reconforto e para que vocês sejam pacientes para me rever em breve. O que posso dizer é que fui liberto há cerca de quinze dias pelos russos, agora estou livre e salvo do campo de concentração de Monovitz, onde sofri atrocidades, enfim, esqueci tudo o que passou, o essencial é que salvei minha pele, minha saúde está ótima e estou me recuperando aos poucos do grande choque que sofri no campo de concentração. Agora estou em um centro de trânsito em Auschwitz, estou muito bem alimentado e acomodado pelas autoridades russas, e aguardo para ser encaminhado para outros lugares, repatriado para a França e retornar a Paris. Espero revê-los em breve e espero que todos estejam bem e juntos.

P.S.: Eu não deveria dizer, mas hoje chorei porque é o primeiro aniversário da morte de Victor, não me esqueci dele. Agora que podemos nos corresponder, escreverei sempre para vocês e darei mais detalhes em breve. Espero que vocês tenham a alegria de ler logo esta carta e que todos vocês fiquem felizes por receber minhas notícias, que em breve vocês tenham a alegria de me reencontrar. Vocês reencontrarão o mesmo Jean que lhes foi tirado de forma tão atroz e separado de sua família, mas agora já paguei minha dívida e posso retornar para os meus, que espero que estejam bem e juntos. Torço para que nada tenha mudado e para que eu encontre a casa como era antes. Por hoje, encerro minha carta na esperança de que ela seja entregue o mais rápido possível. Um abraço muito forte em todos, beijos de seu Jean, que não se esquece de vocês e que os verá de novo em breve. Mandem um beijo de minha parte para todo mundo, e também para Germaine, se ela tiver me esperado. Cumprimentem e mandem beijos para todos os meus amigos e amigas, e digam-lhes que voltarei em muito, muito breve. De seu Jean Gotfryd.

Família Gotfryd
Rua des Partants, 4
Paris 20
França

Remetente
Jean Gotfryd
Campo dos Franceses
Katovice, Alta Silésia
(Polônia)

Quarta-feira, 11 de abril de 1945, de Katovice
Amada mãe, irmãos e irmãs,
Espero que minhas cartas tenham chegado às suas mãos, seria uma alegria para mim saber que vocês receberam minhas notícias, já que não posso receber notícias de vocês. Imagino a grande alegria e felicidade que vocês sentem quando recebem minhas cartas, pois esta é a terceira vez que lhes envio algumas poucas palavras. Espero que vocês ainda tenham a esperança de me rever em breve; quanto a mim, mantive sempre o ânimo e conservei toda a minha coragem, apesar dos dias terríveis em um inferno inimaginável onde os homens caíam como insetos. Agora certamente vocês sabem, através das notícias internacionais, o que eram os campos de concentração alemães de Auschwitz, Birkenau, Monovitz etc., e o triste destino que tínhamos ali, mas "Deus seja louvado", eu e tantos outros fomos poupados, e devo minha vida aos soldados russos por esse milagre extraordinário. Infelizmente, nem todos os meus camaradas terão a sorte de voltar para casa, pois tiveram o destino mais abominável da covardia alemã. Agora que tenho a liberdade e o sol que me é

devido, assim como aos outros, cubro com um véu essas tristes lembranças inapagáveis para sempre.

O essencial é que estou são e salvo e com uma saúde esplêndida, porque estou bem alimentado e bem acomodado, estamos em um quartel-escola, o que significa que estou levando uma vida de soldado, quanto ao trabalho, não precisamos trabalhar, apenas fazemos as tarefas do campo, e de vez em quando os russos pedem nossa ajuda em trabalhos diferentes, e somos bem tratados por eles.

O que não sai da minha mente agora é o momento em que finalmente serei levado de volta para a França, de volta para todos vocês que tanto amo, e que, espero, acontecerá em breve. Creio que no máximo em junho poderei finalmente revê-los.

Imagino que nada de grave tenha acontecido em casa durante minha longa ausência, ou seja, desde 31 de maio do ano passado, e que minha amada mãe não tenha sofrido demais com minha ausência, porque sei, mãezinha, que você é muito preocupada, e no estado de saúde [em que você estava quando] eu a deixei deve ter ficado ainda pior.

Assim como eu, vocês certamente ouviram na TSF que transportes de prisioneiros de guerra e de deportados regressaram à França via Odessa, então, vejam que meu retorno está próximo. Sei que encontrarei grandes mudanças quando eu voltar, quanto a mim, vocês não me encontrarão mudado, continuo o mesmo porque me recuperei muito bem depois que os russos me libertaram. A vida que estou levando em Katovice não é desagradável, mas um pouco monótona, porque não temos ocupação; não estou sozinho, estão no quartel 800 homens, todos da França, prisioneiros políticos, trabalhadores livres convocados, prisioneiros de guerra e os judeus que escaparam, como eu, todos misturados e todos tratados da mesma forma. Já fui três vezes ao cinema para me distrair, vi *Fogo!*,* com

---

* Filme de Jacques de Baroncelli lançado em 1937, com Victor Francen e Edwige Feuillère nos papéis principais. Em francês: *Feu!*.

Francen e Feuillère, em francês, *Guingadir*,* em inglês, e um filme polonês, de vez em quando também vou ao café, mas é preciso ter muitos zlotys para frequentar esses locais, e eu não tenho muitos, só o suficiente para ir ao cinema, que custa cinco zlotys, e comprar algumas coisinhas, principalmente papel de cigarro e outras coisas, porque temos tabaco russo e polonês quase à vontade e gratuitamente; felizmente a comida e o alojamento também são gratuitos para nós, franceses, quanto às roupas, nós mesmos as lavamos, o que faz o tempo passar, o que me lembra exatamente a vida que levávamos durante o êxodo de 40. Eu estava com Robert Wais [Waitz].

Espero que todos vocês estejam bem, termino esta pequena carta deixando um forte abraço em todos e meu beijo mais carinhoso, e mandem lembranças de minha parte a todo mundo, aos familiares e a todos os meus amigos que não se esqueceram de mim.

Jean Gotfryd

P.S.: O que mais lamento é não ter podido visitar o túmulo de meus amados pai e irmão, como faço todos os anos, 13 de fevereiro e 6 de abril se passaram, que Deus me perdoe, os dias, meses e anos passam, mas a lembrança permanece.

Katovice, 12 de março de 1945
Queridos mãe, irmãos e irmãs,

Já escrevi para vocês no último mês, mas não sei se receberam minha carta. Então, escrevo hoje para lembrá-los de que sou um homem livre desde 27 de janeiro, liberto das mãos dos alemães pelo Exército Vermelho. Atualmente gozo de perfeita saúde e

---

* Não sabemos de que filme se trata.

estou me recuperando aos poucos dos sofrimentos que vivi no campo de concentração de Monovitz [...].

Agora, aguardo ansiosamente pelo momento em que serei repatriado para a França, ou seja, para todos vocês, a quem tanto amo; torço para que o regresso para a França aconteça logo e eu possa abraçá-los e me consolar de todas as minhas misérias. Espero que o tempo não tenha mudado demais vocês e que eu não encontre notícias ruins em casa.

O que mais posso escrever senão que espero que todos estejam bem assim como estavam [quando] eu deixei vocês, e principalmente que minha amada mãe esteja melhor? Agora, sejam fortes e pacientes e aguardem meu rápido retorno, porque já estou pronto. Deixo para depois todas as minhas lembranças, memórias e pensamentos tristes. Termino aqui na esperança de que minha carta chegue ao seu destino. Meus mais carinhosos beijos em todos. De seu Jean, que nunca os esqueceu nem por um único instante, nem mesmo nos momentos mais duros. Eu não poderia relatar minha triste odisseia, pois levaria tempo demais. A todos e a todas, camaradas, amigos, familiares, a todos vocês meu até muito, muito breve.

Jean Gotfryd

SIMONE HAAS,
1929

SIMONE
HAAS

Simone Lévy nasceu no dia 11 de maio de 1903 em Saint-Denis, em uma família pouquíssimo religiosa, natural de Alsácia-Lorena. Casada com Maurice-Moise Haas, é mãe de duas meninas, Michèle, nascida em 5 de julho de 1930, e Catherine, nascida em 24 de janeiro de 1944.

As duas meninas foram levadas pelo pai para o interior em 17 de fevereiro de 1944, onde passaram o fim da guerra em segurança. Seus pais não tiveram a mesma sorte. Pouco tempo depois, Maurice-Moise Haas foi preso com a esposa, e os dois foram deportados para Auschwitz em 20 de maio de 1944, no trem nº 74.

Segundo o relato de um companheiro de deportação, Maurice-Moise foi fuzilado em 25 de janeiro de 1945, durante as marchas da morte em Rybnik, a oitenta quilômetros de Auschwitz.

Doente de tifo, mal pesando 32 quilos, Simone estava em um estado de saúde tão condenado que os soldados da SS que deixavam Birkenau não se deram ao trabalho de executá-la. Liberta pelos russos ao chegarem a Auschwitz, ela escreveu duas cartas para Michèle, sua filha mais velha. Repatriada para a França em junho de 1945, no mês seguinte reencontrou suas filhas em Cormes, pequeno vilarejo próximo a Ferté-Bernard, no departamento de Sarthe. Ela faleceu em 2 de março de 1990, aos 87 anos.[4]

[24 de fevereiro de 1945]
HAAS
A5510 Bloco 25
Auschwitz, Polônia, Alta Silésia

Amada Michèle,
Espero que você já tenha recebido minhas duas cartas, estou ansiosa para receber notícias suas. O que você está fazendo? Onde você está? Onde está estudando? Ainda está estudando latim? E piano? Conte-me tudo o que puder de Cathou, para que ela não seja uma desconhecida para mim quando eu voltar. Quanto a mim, estou me recuperando. Eu tinha emagrecido quinze quilos. Todos os dias, nos alimentávamos de três ou quatro litros de sopa, na maior parte do tempo de rutabaga,* e duzentos gramas de pão. Muitas vezes tive fome. Precisei revirar o lixo em busca de folhas de repolho e batatas velhas e tinha muito trabalho. Imagine a minha alegria em ver o fim da minha miséria, mas estou morrendo de saudade de vocês! Mas preciso ter paciência.

Até logo, minha bonequinha, assim espero, receba meu mais forte abraço. Mande lembranças a Isabelle e transmita meu carinho a Cathou.

[7 de abril de 1945]
Minha amada Michèle,
Espero que você tenha recebido ao menos algumas das minhas cartas. Continuo em Katovice, à espera do repatriamento. Como está demorando! Não vejo a hora de poder segurá-las em meus braços, meus amores. Para me distrair e me ocupar, passo o dia inteiro descascando batata, mas como voluntária, porque somos admiravelmente bem alimentadas aqui. Estou usando uma calça de golfe que ficava imensa em mim, mas que agora está quase

---

* Hortaliça semelhante ao nabo, muito comum no norte da Europa. (N. T.)

rasgando de tanto que engordei, também tricoto para ganhar algum dinheiro para comprar açúcar ou margarina. Diga a Isabelle que esqueci completamente o bridge, não tenho mais nenhuma ideia de como se joga. De vez em quando, jogo um carteado qualquer. Levo uma vida bem monótona. Somos sete em um quarto, e as outras seis jovens fazem um imenso barulho perto de mim. Aliás, meu amor, talvez esta seja minha última carta. Até breve, eu espero. Um abraço com toda a minha força. Mande lembranças a Isabelle e quem sabe a Roger.

Mardi 12/2/45   Auschwitz (Birkenau)
Réponse aléatoire (demande Croix Rouge Polonaise)
Yvonne LÉVY 5535 B[loc] noir 12 Auschwitz - Pologne

Mes enfants chéris –
Ces mots vous parviendront-ils jamais? Les aurez-vous bientôt? on
après la guerre je l'ignore. Ce sera un miracle mais le premier
miracle c'est que je vis encore après l'enfer que je viens de traverser.
J'espère de toute mon âme maintenant vous revoir car je pense que je
vais tenir jusqu'au bout. En tous cas si le contraire se produisait je
voudrais que vous sachiez un peu ce qui s'est passé ici.
Il est évident que le 1er de mes chagrins profonds fut et est de ne rien
savoir de vous et de maman et Colette – Où êtes-vous? que faites-vous?
qu'a-t-on fait de vous? Chaque heure je retournai ces questions restées sans
réponse.

Je vais tout de suite vous dire ce que je sais de votre papa et ce sera
hélas très peu. A la descente du train (le 23 mai) nous fûmes
immédiatement séparés et ne nous sommes jamais revus. J'ai eu
malgré toutes les interdictions un mot de lui le 15 août m'apprenant qu'il était dans un camp éloigné du mien de 4 km environ
et que quoique un peu maigre il se portait bien. Depuis
et très récemment je viens d'apprendre qu'il avait été opéré de l'appendicite au mois de décembre et que cela s'était bien passé.
Enfin j'ai su cette semaine qu'il avait été transporté en Allemagne au mois de janvier lors de l'avance Russe. C'est
tout; peut-être aurez-vous de ses nouvelles avant moi et cela
ce serait le 2ème miracle.

La vie des femmes était pire que celle des hommes; je vais vous donner
qq. détails car si je ne reviens pas je veux que vous puissiez savoir
que toutes actions répressives et vengeresses ne seront jamais exagérées
contre ceux qui ont inventé ce camp. Ce n'est certainement qu'un
aperçu que je pourrais vous donner idée exacte car outre mon appel
...que je ne tarderai pas au cours des jours sur les renseignements qui vous éclaireraient sur la vie à Birkenau. Réveil à
3h½ l'été (avril à no[vembre]) puis sortie (il fait encore nuit) pour appel
à 4h; ce dernier relativement court 3/4 à 1h est tout de même
un supplice car l'immobilité totale à cette heure est pire que
réfrigérée. Je vous passe les coups de poing ou de ceinture
quand l'alignement n'était pas parfait ou quand on parlait
vêtues d'une robe de cretonne nous grelottions à qui mieux
mieux car tout lainage ou toute veste ou tout supplément
étaient interdits – Dehors pour le travail: j'ai manié la
pelle, la pioche, porté du ciment fait le maçon j'en
passe et des meilleurs.

Je ne vais pas ici vous donner le détail des journées je souhaite tant à...

Carta escrita por YVONNE LÉVY no campo de Auschwitz-Birkenau após sua libertação em 12 de fevereiro de 1945.

YVONNE LÉVY

Yvonne Meyer nasceu em 16 de janeiro de 1903 em Paris. Casada com Marcel, teve dois filhos, Alain e Bertrand. Presos em Nice, onde tinham se refugiado, Yvonne e Marcel foram enviados para Drancy em 10 de maio de 1944. Dez dias depois, foram deportados no trem nº 74. Ao descerem do trem em Auschwitz, em 23 de maio, o casal despediu-se "rápida e definitivamente".

Em suas cartas, mas também nas notas que escreveu no *revier* (hospital) de Auschwitz, Yvonne relatou os nove meses que passou no inferno de Birkenau, pouco após a libertação do campo pelo Exército Vermelho, em janeiro de 1945. Liberta, ela nunca voltou a ver o marido; soube mais tarde que ele fora evacuado para a Alemanha, no mesmo mês de janeiro de 1945, quando as tropas soviéticas avançaram, e provavelmente fora morto durante uma das marchas intermináveis e assassinas.

Ao voltar para a França, em 11 de maio de 1945, Yvonne reencontrou os dois filhos, que tinham se integrado à Resistência.

Ela faleceu em 2003, aos 100 anos.[5]

> Terça-feira, 12 de fevereiro de 1945
> Yvonne Lévy 55 35
> Revir12-Auschwitz
> Alta Silésia

Polônia

Resposta aleatória (procurar a Cruz Vermelha, insistir)
Postada hoje em AUSCHWITZ, soube que poderia escrever esta carta que eu já tinha deixado pronta, envio-a com alegria no coração.

Meus amados filhos,

Será que algum dia vocês receberão estas palavras? Se vocês as receberão logo ou só após a guerra, eu não sei. Seria um milagre, mas o primeiro milagre é que sobrevivi ao inferno que acabo de atravessar.

Espero de toda a minha alma revê-los, porque acredito que vou conseguir resistir até o fim. De toda forma, se o contrário acontecer, eu queria que vocês soubessem um pouco do que ocorreu aqui.

É óbvio que a primeira das minhas dores mais profundas foi, e ainda é, não ter nenhuma notícia de vocês, de mamãe e de Colette. Onde vocês estão? O que estão fazendo? O que fizeram com vocês? Faço-me essas perguntas a todo instante e não posso ter uma resposta.

Vou contar agora o que sei de seu pai, mas infelizmente será muito pouco. Quando descemos do trem (em 23 de maio), fomos imediatamente separados e nunca mais nos vimos. Apesar de todas as restrições, recebi uma carta dele em 15 de agosto, dizendo que estava em um campo a cerca de 4 km do meu e que, apesar de ter emagrecido um pouco, estava bem. Desde então, e muito recentemente, soube apenas que ele foi operado da apendicite em dezembro e que tudo correu bem.

Finalmente, nesta semana soube que ele foi levado para a Alemanha em janeiro, quando as tropas russas avançaram. E é só isso; talvez vocês recebam notícias dele antes de mim, o que seria um segundo milagre.

A vida das mulheres era pior que a dos homens; vou dar alguns detalhes porque, se eu não voltar, quero que vocês saibam que todas as ações de repressão e vingança nunca serão demais contra aqueles que inventaram esse campo. Tenho certeza de que apenas a minha presença poderia lhes dar uma ideia exata, porque, apesar do meu aspecto físico, não me cansarei de falar, ao longo dos dias, sobre as coisas que esclarecerão como era a vida em Birkenau.

Acordávamos às 3h30 no verão (de abril a novembro) e saíamos (ainda de madrugada) para a chamada às 4h; a chamada era relativamente curta, durava de 45 minutos a uma hora, mas era um suplício porque a imobilidade total àquela hora era mais que congelante. Não vou mencionar os socos e cintadas que levávamos quando o alinhamento não estava perfeito ou quando falávamos. Usando um vestido de cretone, uma tremia mais que a outra, porque qualquer lã, casaco ou peça adicional eram proibidos. Saíamos para o trabalho: empunhei pá e picareta, carreguei cimento, construí, para citar só algumas tarefas.

Não vou entrar em detalhes sobre os dias aqui, quero muito contar pessoalmente.

Com todas as humilhações, os golpes pretendiam nos embrutecer rapidamente. As condições materiais também eram muito difíceis, porque o frio fez muitos morrerem dos brônquios e de diarreia. Fui logo pega por esta última, mas apesar de ainda estar sofrendo, não vou me entregar. O castigo do sol do verão e o gelo do inverno em organismos privados de gorduras e de vitaminas foram a segunda maior causa de mortes.

Vou contar também sobre as seleções e as passagens pelo crematório. Saibam que esse é um fato conhecido de todos. Eu não queria acreditar, mas desaparecimentos em massa e um forno que queimava sem parar nos obrigaram a entender. Escapei do envio para a Alemanha porque queimaduras nas pernas me fizeram parar no hospital. As partidas aconteciam aos montes nos últimos dias, mas aguentei firme porque sentia que os russos estavam chegando. Então, um belo dia, os carcereiros nos abandonaram e, duas noites depois, vimos as tropas russas chegarem, para nossa enorme alegria.

Ainda não sei o que farão conosco: o clima continua o mesmo, o país é aterrorizante, mas estamos livres! Vocês nunca serão capazes de entender o que significam a liberdade e a possibilidade de comer quando se tem fome e de se cobrir quando se tem frio.

Minhas ideias vacilam quando penso em vocês: será que vocês estão vivendo em uma pensão? Estão com mamãe? Em Paris, em Brive?

Sonho que um dia terei vocês em meus braços e que riremos e choraremos juntos, que vocês serão grandes, bonitos, que trabalharão (é preciso) e que juntos construiremos projetos para o futuro.

Digam a Mimi que competi com ela durante as noites sem sono e que em todas essas horas nunca deixei de pensar em vocês quatro. Até quando? Agora tenho quase certeza de que vocês virão me buscar na plataforma de alguma estação, senão, saibam que quero vocês fortes, saudáveis, honestos e dispostos a se vingar daqueles que os deixaram órfãos.

Eu adoro vocês.

De sua mamãe

JEANNE GEISMAR,
no fim dos anos 1930

JEANNE
GEISMAR

Jeanne Wolff nasceu em 6 de dezembro de 1906 em Paris. Casou-se pela primeira vez com Gaston Schwab e com ele teve suas filhas: Nicole, nascida em 1º de outubro de 1930, e Françoise, nascida em 5 de janeiro de 1932. A família morava em Colmar, no departamento de Alto Reno. O pai de Jeanne, Achille Wolff, vivia com a família. Gaston era comerciante de gado, mas faleceu em 1933. Durante o êxodo, a família se refugiou em Vittel, e depois em Limoges, até 1941. Então, mudou-se para Eymoutiers, no departamento de Haute-Vienne, onde encontrou moradia e uma escola para as duas filhas. Em 1943, as meninas foram internadas no colégio moderno de moças de Saint-Léonard-de-Noblat, onde foram escondidas com a ajuda da diretora Germaine Lalo, que recebeu o título de Justa entre as Nações em 1994.

Entre o fim de 1943 e o início de 1944, Jeanne casou-se com Lucien Geismar, mas, em abril de 1944, o jovem casal foi preso. Os dois foram deportados para Auschwitz no trem nº 72. Apenas Jeanne sobreviveu aos campos da morte.[6]

Após sua libertação, pôde enviar diversas cartas à família.

Carta enviada pelo governo provisório da República polonesa, delegação presente na França em 30 de março de 1945, ao sr. L. Geismar, avenue du Maréchal-Foch, Eymoutiers.

Prezado,

A delegação do governo provisório da República polonesa tem a alegria de lhe entregar uma carta da sra. Jeanne Geismar, liberta do campo de Auschwitz. Queira aceitar, senhor, nossos melhores sentimentos.

Carta de Jeanne Geismar nº 80596
Bloco 16, campo de Auschwitz, Alta Silésia (Polônia)
de 13/02/1945 endereçada a

Amados pais e Mariette,

Que alegria poder finalmente escrever após tantos meses de separação.

Em 28 de janeiro, enfim fomos libertos por nossos amigos do Exército Vermelho, e desde então temos sido bem tratados e alimentados, e é extraordinário que nós tenhamos saído daquele inferno.

Três dias atrás, finalmente tive notícias de nossos queridos Lucien e Sylvain, por meio de amigos deles, e soube que os dois estão em excelente forma. Esperemos que muito em breve tenhamos o prazer de estarmos todos juntos outra vez, e quero poder recuperar o tempo perdido junto àqueles que me são caros. É realmente um milagre estar entre os que sobreviveram, porque infelizmente perdemos familiares, amigos e conhecidos em meio a tanto sofrimento vivido. Também escrevi para os "Neuville" para que eles pudessem avisar vocês caso não morem mais no mesmo endereço, espero que vocês recebam esta carta. E quanto a vocês, meus amados pais e Mariette, como estão após essa longa separação? Não houve um único segundo em que eu não tenha pensado nas minhas duas pequenas e em quanto estou ansiosa para abraçá-las e beijá-las, e muitas vezes me perguntei onde elas poderiam estar. Espero que esse pesadelo termine em breve e, enquanto aguardo a alegria de abraçá-los pessoalmente, recebam, meus três amados, meus mais carinhosos beijos. De sua filha e irmã que os ama.

Jeanne

Auschwitz, 22. 3. 45
Meus amados,
E especialmente minhas duas pequenas,

Espero que de todas as cartas enviadas ao menos uma tenha alcançado vocês, porque desde 27 de janeiro, dia de nossa libertação por nossos amigos russos, pudemos dar notícias. Para mim, é uma alegria sem igual poder dizer-lhes que ainda estou viva, e espero que o querido Lucien, assim como Sylvain, ainda estejam vivos. Tive notícias deles em fevereiro, mas desde então não soube mais nada. Quem sabe poderemos [nos] reunir em breve, não vejo a hora de estar novamente junto aos meus e de poder abraçar minhas duas bonecas. Essa separação é muito difícil, mas é preciso ter mais um pouco de paciência. Estamos vivos, e isso é o principal. Sofremos demais, mas queremos pensar nisso apenas para nos vingarmos. Somos um pequeno grupo de bons amigos, incluindo Paul Cerf de Saint-Avold, e trabalhamos ou como médicos ou como enfermeiras (estou no segundo grupo). Mas gostaríamos de descansar, porque estamos cansados tanto moral quanto fisicamente. Quantas vezes, em meus pensamentos, estive junto a vocês, meus amores, e quis ter asas para poder alcançá-los. Sofro por não saber de minhas duas pequenas, mas espero que elas estejam bem e deem muita alegria para as pessoas ao redor. Deem um abraço bem forte nelas por mim enquanto eu mesma não o posso fazer e transmitam minhas notícias às famílias Schwab e Weill, Geismar e Wolff, e recebam todos os mais carinhosos beijos de sua irmã, tia, sobrinha e prima que sempre pensa em vocês.

Jane Geismar 80596
Bloco 16
Campo de Auschwitz, Alta Silésia, Polônia

Carta de Jeanne Geismar para os pais,
escrita no campo de Auschwitz pouco após sua libertação
em 13 de fevereiro de 1945.

HIRSCH ABEL,
1946

HIRSCH
ABEL

Hirsch nasceu na Rússia em 5 de fevereiro de 1894. Tendo se mudado para a França, exercia a profissão de motorista.

Foi deportado em 11 de agosto de 1944 pelo único trem que saiu diretamente de Lyon.

Liberto do campo de Auschwitz em 27 de janeiro de 1945, foi repatriado por avião, via Praga, com destino a Le Bourget, em 21 de julho de 1945.

Hirsch Abel faleceu em 15 de janeiro de 1989, em Pantin.[7]

Carta enviada por Hirsch Abel, Bloco 22, Konzentration lager, Auschwitz, Polônia, para o sr. e a sra. Truchet, place de la Villette, 3, Lyon (Rhône).

Auschwitz, 5 de julho de 1945

Queridos amigos,
Finalmente posso dar notícias.
Estou aproveitando a visita de uma comissão francesa. Esta carta será levada até vocês em um avião de Praga para Paris, e depois seguirá os meios normais, porque o serviço ainda está funcionando muito mal.

Já escrevi outras duas vezes para vocês, espero que tenham recebido minhas cartas.

Minha saúde está ótima; os russos estão cuidando de mim como se eu fosse um filho. Eles não sabem o que fazer por nós. O problema é que nós não falamos a língua deles, quando conversam conosco, não entendemos o que dizem e eles riem como crianças, são pessoas simpáticas.

Fui preso em 4 de agosto pelo PPF* e entregue à polícia boche. Eles me interrogaram, mas não tiraram nada de mim. Eu disse a eles que estava em Lyon há dois dias, eles me disseram que aquilo não era verdade e fiquei sem saída.

Mas isso é passado; o que vi aqui era um modelo de campo de destruição de seres humanos, mas agora são eles que estão atrás das cercas de arame farpado, isso é justiça.

Queridos amigos, creio que retornarei à França em duas semanas, a organização foi demorada, mas essa já é a terceira comissão em três semanas.

Queridos amigos, se virem o sr. B [...], transmitam minhas notícias, assim como à esposa. Deem notícias também a [...], ao vendedor de frutas.

Não posso escrever para todos por correio, porque o serviço está funcionando muito mal.

Estou aproveitando esta oportunidade que tive agora, mas tenho minhas limitações, com esta já são quatro cartas, não queria abusar.

Meu cordial aperto de mão para todos vocês e para todos os amigos e conhecidos de Lyon e até breve, espero.

Abel

---

* Partido Popular Francês, um dos principais partidos fascistas, dirigido por Jacques Doriot, era a favor de uma política de colaboração total com a Alemanha. Muitos militantes do PPF também eram membros da Milícia e trabalhavam para o SD (*Sicherheitsdienst*, serviço de segurança do *Reichsfuhrer* SS), diferenciando-se pelo cuidado que tinham ao perseguir judeus e resistentes.

JACQUES RUFF,
1945

JACQUES
RUFF

Jacques Ruff nasceu em 10 de setembro de 1895 em Verdun, no departamento de Meuse. Era o esposo de Céline Jaroslavitzer, que tinha um filho de uma primeira união, Robert.

Durante a Ocupação, ele trabalhava como contador da distribuidora Messageries Hachette, em Clermont-Ferrand, e morava na rua Terrasse, nº 13. Preso em 10 de agosto de 1944, foi deportado em 17 de agosto no trem nº 82, que saiu diretamente de Clermont-Ferrand com destino ao campo de Auschwitz, onde recebeu o número de identificação 195.492.

Liberto em 27 de janeiro de 1945 pelo exército soviético, foi repatriado para a França em 10 de maio e, já no dia seguinte, estava em Saint-Junien, no departamento de Haute-Vienne, perto de Limoges, onde sua esposa e seu enteado haviam encontrado refúgio, provavelmente junto à família de Céline.

Jacques Ruff faleceu em 12 de maio de 1989 em Nogent-sur-Marne, no departamento de Val-de-Marne, aos 94 anos.[8]

> Auschwitz, 18 de fevereiro de 1945
> (Domingo, 14 horas)
> Minha amada Céline,
> Ainda estou no mesmo local, por Deus, como eu queria que nos dissessem que seremos repatriados. De sua parte, mova céus

e terra para que possamos retornar o mais rápido possível para a França, porque o tempo passa ainda mais devagar longe de vocês.

Hoje é domingo e estou encostado em um grande aquecedor, esquentando minhas costas enquanto escrevo para vocês (para você e para meu adorado Robert).

Estou ansioso por nosso reencontro definitivo! Você tem boas notícias de mamãe, minha amada Céline?

Agora estamos nos alimentando muito bem, mas o estômago está sensível após ter sofrido de fome, e, por Deus, estou comendo com cautela, mas quando é que poderei comer da boa cozinha? Só Deus sabe.

Até aqui fui protegido pela providência divina, e espero que continue assim. E você, minha querida, como está sua saúde? E a de nosso adorado Robert? E Berthe, Jeanne e cia, como estão? E Albert e Bernard!

Aqui está muito frio, porque estamos na antiga Polônia, mas nossa liberação pelos amigos russos nos faz suportar, apesar de tudo, esse tempo de neve e de frio.

Minha Céline, um abraço muito forte em você, e também em meu querido Robert, e meus mais carinhosos beijos.

De seu amado Jacques.

J. Ruff, Bloco 18
Auschwitz, Alta Silésia

Sra. J. Ruff
Rua Boileau, 2
Saint-Junien
(Haute-Vienne)
França

Campo de Auschwitz, 24 de fevereiro de 1945
(Alta Silésia) (Sábado)

Minha amada Céline,

Hoje o tempo está execrável, está chovendo sem parar e com isso fico um pouco deprimido, porque fico pensando em meu repatriamento e em como está demorando. Já se passaram quatro semanas desde que fomos libertos por nossos caros amigos e aliados russos.

Ontem à noite foi o aniversário (27º) da formação do exército soviético, e assisti a um concerto (das 20h às 24h), foram feitos discursos em russo, em francês, em tcheco, em holandês e em alemão, e depois houve um belo concerto com franceses, russos, húngaros (enfim, todas as nacionalidades), o que nos reconfortou e melhorou nossos ânimos, mas se tivessem anunciado nosso retorno para a França, teria sido um sonho. Se pudéssemos ao menos avistar o litoral de nossa bela França até a Páscoa.

Fora isso, tudo continua igual, e atrevo-me a acreditar que você recebeu minhas notícias (porque minha primeira carta depois da minha libertação foi enviada em 14 de fevereiro).

Como está sua saúde, minha amada Céline? E a de meu adorado Robert? Eu vou bem. E mamãe, como está?

Meu mais forte abraço, te amo demais – estamos separados por quilômetros, infelizmente, mas próximos em pensamento – e espero ter a alegria de ler uma carta sua em breve. Milhares de beijos em nosso amado Robert, Berthe, Albert e Bernard.

De seu amado Jacques, que está sempre pensando em você.

J. Ruff, Campo de Auschwitz-Bloco 18 (Alta Silésia)

Campo de Auschwitz (Alta Silésia)
27 de fevereiro de 1945

Minha amada Céline,

Continuo no campo e, por Deus, já estou ficando impaciente, porque não ouvimos nada sobre o repatriamento. Acho que se esqueceram de nós.

Agora sou "chefe das cabines de ambulâncias" e estou cumprindo minhas obrigações com zelo e dedicação, e estou comendo um pouco mais que no bloco onde fico. De forma geral, está tudo bem, a comida é boa, mas não se compara com a sua boa cozinha. Quando terei a felicidade de estar de novo com vocês?

Está nevando em St-Junien?

Você tem notícias de mamãe?

Como está sua saúde, minha amada Céline?

E a de nosso adorado Robert?

Se ao menos eu pudesse ter notícias suas, imagine como eu ficaria feliz.

Um abraço muito, muito forte, minha amada Céline, neste dia de Purim,* em você e em nosso Robert, sem esquecer de Berthe, Albert e Bernard.

De seu amado Jacques, que está sempre pensando em você.

J. Ruff
Campo de Auschwitz
Bloco 18
Alta Silésia

---

* Purim é uma festa de origem bíblica que celebra o livramento milagroso dos judeus graças à intervenção de Ester para protegê-los do enorme massacre em todo o Império, que fora planejado por Hamã, favorito do soberano persa Xerxes I. A data da festa de Purim foi fixada no 13º dia do 12º mês do calendário judeu, isto é, do mês de Adar, que ocorre entre fevereiro e março do calendário cristão.

Campo de Auschwitz, 2 de março de 1945

Minha amada Céline,
Ainda estou no mesmo lugar e o repatriamento não acontece logo, estou começando a achar que está demorando demais, e não estou sozinho, porque todos os franceses pensam como eu e queríamos avistar o litoral da França o mais rápido possível.

Como está o clima em St-Junien? Aqui está nevando, chovendo e fazendo frio. É quase como o clima de Clermont-Ferrand!

Eu me pergunto se chegarei a St-Junien ou a Paris a tempo da Páscoa, realmente não vejo a hora de rever você e meu adorado Robert.

Estou bem. E você, minha amada!

Tem boas notícias de mamãe, Francette e Camille?

Escrevi para Limoges e para Enghien, não sei se Gaston ainda está em Limoges ou se voltou para Enghien.

Como estão Berthe, Albert e Bernard?

E nossos conhecidos que estavam em St-Étienne?

Fora isso, não tenho nada especial a dizer além de que estou com muita saudade de todos vocês.

Milhares de beijos, os mais carinhosos e mais abundantes, para você e nosso amado Robert, sinta-se abraçada bem, bem forte, te amo demais.

De seu amado Jacques, que está sempre pensando em você – a 1.500 quilômetros de distância, mas de perto no pensamento.

J. Ruff
Campo de Auschwitz
Bloco 18
Alta Silésia

Katovice, 12 de março de 1945
(Segunda-feira)

Minha amada Céline,

Talvez você esteja preocupada com meu silêncio, mas há dez dias deixamos Auschwitz e fomos conduzidos para outra cidade, a 40 km de lá, para nos agruparmos e sermos repatriados.

O tempo continua se arrastando para mim. Todos os dias, acreditamos que iremos por Odessa, mas, como a irmã Anne, não vemos nada acontecer. Com paciência consegue-se tudo, mas a saudade de casa está começando a pesar, e confesso que não aguento mais esperar para ver você e meu amado Robert.

Você tem contato com as Messageries Hachette? A empresa fez alguma coisa por mim e por você?

Tem boas notícias de mamãe e de toda a família?

Estou bem de saúde, e você, minha amada? E meu adorado Robert? O que ele tem feito de bom?

Estou fazendo um monte de perguntas às quais você não poderá responder, porque talvez eu já terei deixado Katovice para voltar para casa.

Hoje à tarde, com um camarada que foi transportado comigo desde Clermont-Ferrand, saímos para passear pela cidade. É uma grande cidade de 120 mil habitantes. Existem bondes elétricos. Mas como não tenho dinheiro no bolso (nem mesmo um centavo), não podemos ir a lugar algum, porque também há os cafés.

Até mesmo para escrever, é preciso ter dois zlotys, porque a carta é enviada por avião. Espero que um camarada me empreste essa quantia para que você receba minhas notícias.

Fora isso, nada de novo. Não fique preocupada se por acaso você ficar sem notícias minhas por algumas semanas. Estaremos no caminho para casa, que será bastante longo, imagino.

Milhares de beijos, minha amada Céline, para você e para meu adorado Robert, e um abraço muito forte de seu devotado marido que está sempre pensando em você.

De seu amado Jacques
J. Ruff
Campo civil francês
Katovice (Alta Silésia)

Katovice, 10 de abril de 1945
Terça-feira

Minha amada Céline,
Você recebeu minhas notícias desde minha primeira carta, enviada de Auschwitz em 14 de fevereiro?

Espero uma resposta positiva de sua parte, mas acho que a correspondência demorará para chegar.

Se você puder e se for possível, envie-me, minha amada Céline, um pacote e dinheiro, porque acho que ainda ficaremos algum tempo por aqui!

Eu tinha a esperança de ser repatriado, mas acredito que será preciso aguardar o fim da guerra.

Veja que as notícias são excelentes, mas não há só os deportados civis, há também os prisioneiros de guerra e, por deus, acho que o repatriamento vai demorar.

O que meu amado Robert tem feito?

E você, minha Céline?

Você está bem?

Quanto a mim, tudo bem, mas um bom descanso em casa [me] fará muito bem.

E mamãe e a família, o que têm feito de bom?

O clima aqui está maravilhoso, mas bastante frio, e em St-Junien?

Todos os dias, vou à cozinha descascar batata, e como comemos bem, fora a felicidade de ser livre, isso também faz bem.

Podemos agradecer a Deus por termos sido libertos por nossos grandes amigos russos, e isso é algo que nunca esquecerei.

Domingo à noite, tivemos concerto e baile. Eu não dancei, mas os camaradas deram o seu melhor para nos divertir.

Conto os dias para nosso regresso à França, mesmo que estejamos razoavelmente bem, nada se compara à sua própria casa ou apartamento!!

Minha amada Céline, um abraço bem, bem forte em você, assim como em meu amado Robert, sem esquecer de Albert, Berthe e Bernard, e receba meus melhores, meus mais doces, meus mais carinhosos beijos.

De seu amado Jacques, que está à espera de algumas linhas de sua parte, e que mesmo a distância está bem perto pelo coração.

J. Ruff
Campo dos civis franceses
Katovice
Alta Silésia

Katovice, 12 de abril de 1945
Quinta-feira
(11h da manhã)

Minha amada Céline,

Aproveito a gentileza de um camarada que me emprestou dois zlotys para poder escrever mais uma vez para você.

Veja como estou pobre, e, por Deus, garanto a você que eu queria voltar à vida normal, porque sem dinheiro ficamos infelizes demais.

O tempo aqui está maravilhoso, e em St-Junien?

Que venha logo o repatriamento! Ele não parece estar próximo, embora pareça que a guerra logo estará terminada.

Recebemos comunicados oficiais todos os dias, e fico feliz por tudo estar se encaminhando para o melhor (para nossos amigos russos, americanos e ingleses) e para nossos soldados.

Hoje tem cinema gratuito, espero ir para lá daqui a pouco. É na cidade que veremos um filme

Robert continua estudando?

Como ele deve ter crescido, nosso amado filho!

E Bernard, já cresceu?

Como está mamãe e toda a família?

Estou escrevendo demais, mas queria muito obter uma resposta. Para os envios, o correio está funcionando, aparentemente, muito bem, mas para os recebimentos é outra história, nosso ânimo estaria excelente se pudéssemos receber notícias.

Espero em Deus que em um dia qualquer terei a alegria de ler suas palavras enquanto aguardo a felicidade de revê-la. Mas quando!!

Estão comigo mulheres e homens de Meuse, e como estamos felizes por podermos falar de Verdun, de Bar-le-Duc, de Saint-Mihiel e de Étain.

Não voltei a ver o Dr. Lévy, que cuidou de Robert em Limoges. Eu me pergunto o que aconteceu com ele!

Fora isso, está tudo bem.

A liberdade é ótima, mas eu gostaria de estar com vocês, primeiramente para estar ao seu lado, minha amada, e de meu Robert, e depois para descansar, porque já faz nove meses que deixei Clermont-Ferrand.

Milhares de beijos, minha amada Céline, na esperança de que esta carta chegue logo às suas mãos, e sinta-se abraçada bem forte por seu amado Jacques, que está sempre pensando em você.

Muitos beijos para meu amado Robert, Bernard, Albert e Berthe.

Documento de 25 de janeiro de 1944, tendo como assunto *"Briefaktion des RSHA (Juden)"*. Trata-se de um pedido de concessão de combustível para o seguinte itinerário: Birkenau e dois outros *kommandos* de Auschwitz (Jawischowitz e Monowitz) e retorno.

CONCLUSÃO

Os percursos dos 22 autores apresentados nesta obra possibilitaram o esclarecimento de uma parte desconhecida da história da Shoá. Embora ela já tenha sido evocada em algumas publicações relacionadas especialmente com a filatelia, a operação da *Brief-Aktion* agora está mais bem documentada, ao menos no que diz respeito à sua gestão ao chegar à França. Entretanto, pesquisas ainda são necessárias para determinar precisamente quando e por quem a operação foi decidida e executada.

O único documento identificado que menciona claramente a *Brief-Aktion*, por parte do Gabinete Central de Segurança do Reich (*Reichssicherheitshauptamt* – RSHA), é um pedido de concessão de combustível para o SS Hartenberger, que traz como motivo "Briefaktion des RSHA" (ver ao lado). Esse pedido é justificado pelo itinerário declarado: Birkenau, Jawischowitz e Monowitz. O documento data de janeiro de 1944, período no qual a *Brief-Aktion* ainda estava operante.

Em seu estudo, Julien Lajournade supõe que oficiais da SS iam aos *kommandos* que dependiam do campo de Auschwitz para recolher as correspondências que os detentos judeus eram obrigados a escrever. Embora essa hipótese pareça verossímil, é necessário realizar pesquisas complementares.

Todos os documentos apresentados nesta obra estão conservados nos arquivos do Memorial da Shoá. Eles foram escolhidos não só porque nos permitiam ilustrar esse assunto pouco abordado, mas também porque tínhamos elementos suficientes para contar o destino de seus autores. Eles são representativos dos inúmeros outros documentos do mesmo tipo que fazem parte dos acervos.

Desde sua criação, o Memorial da Shoá (herdeiro do Centro de Documentação Judaica Contemporânea) recolhe e preserva os arquivos que possibilitam escrever e transmitir a história da Shoá. Nos últimos vinte anos, a coleta dos arquivos particulares foi intensificada, a fim de documentar a vida dos judeus na França antes, durante e após a Segunda Guerra Mundial.

Cada nova carta é importante porque revela uma vida, uma existência, devolve a dignidade a uma pessoa que não é apenas um nome na Parede. Essas cartas nos oferecem uma ligação direta com os desaparecidos: escritas de próprio punho, elas relatam uma fase de sua vida e constituem, infelizmente, os últimos vestígios de alguns deles.

Sua coleta e seu arquivamento se fazem ainda mais cruciais.

Os dossiês que compõem esse acervo de arquivos privados, que vão de alguns folhetos a várias centenas de páginas, representam hoje cerca de 25 metros lineares. Todos esses documentos, uma vez classificados e catalogados, e em alguns casos restaurados, são colocados à disposição dos leitores e do grande público por meio de exposições, de acordo com as condições estabelecidas pelos doadores.

A presente obra tem vários objetivos: revelar um aspecto desconhecido da história da Shoá, promover esses documentos e, ao mesmo tempo, honrar a memória das vítimas.

Esperamos estar à altura dessa ambição.

NOTAS

INTRODUÇÃO

1. Simon Laks, *Mélodies d'Auschwitz et autres écrits sur les camps*, Paris, Cerf, 2018.
2. Código 22 P 3071.
3. O dossiê atualmente está conservado na cidade de Caen pela DAVCC sob o código 22P 3065 a 3078. A DAVCC é um departamento do SHD e pode ser referenciado da seguinte forma: SHD-DAVCC. O dossiê também foi integralmente digitalizado pelo Memorial da Shoá, onde pode ser consultado.
4. O boletim *Informations juives* da UGIF foi publicado na região ocupada de 23 de janeiro de 1942 (nº 1) a 19 de maio de 1944 (nº 119).
5. Os arquivos de Benjamin Schatzman foram confiados ao Memorial da Shoá em 2012 e estão conservados sob o código MDCXII. Seu diário foi publicado com o título: *Journal d'un interné. Compiègne, Drancy, Pithiviers, 12 décembre 1941-23 septembre 1942*, Paris, Fayard, 2006.
6. Georges Wellers, *Un juif sous Vichy*, Paris, Tiresias, 1991, p. 130, citado por Michel Laffitte, *L'Union générale des Israélites de France, 1941-1944 : les organisations juives d'assistance et leurs limites légales au temps de la Shoah*, these de doctorat d'histoire, École des hautes études en sciences sociales (EHESS), 2002.

PRIMEIRA PARTE
BRIEF-AKTION

1. 11 de março de 1971, Andrejz Zaorski, APMA-B Statement Fond, vol. 70, p. 212-213.
2. De acordo com as pesquisas realizadas por Andreas Killian, a atribuição do texto a Chaïm Herman teria sido feita pelo Museu de Auschwitz: ver Andreas Killian, "Farewell Letter from te Crematorium. On the Outhorship of the First Recorded 'Sonderkommando-Manuscript' and the Discovery of the Original Letter", em Nicholas Chare et Dominic Williams (dir.), *Testimonies of Resistance. Representations of the Auschwitz-Birkenau Sonderkommando*, New York, Berghahn Books, 2019, p. 91-101.
3. Arquivos nacionais. Dossiê de arianização: AJ 38/2002 dossiê 32495. Solicitação de identidade: 19940505/1263 Fundo Moscou.
4. Arquivos do SHD, Hersz Strasfogel 21P 541 247.
5. A carta original de Hersz Strasfogel foi confiada ao Memorial da Shoá em agosto de 2019 por Béatrice e Laurent Muntlak. Ela está conservada sob o código CMLXXXVI (67)-1. Na carta de Hersz Strasfogel, ver Léa Veinstein, *La Voix des témoins. Histoire du témoignage de la Shoah*, Paris, Fondation Mémorial de la Shoah, 2020; e Andreas Killian, « Farewell Letter from te Crematorium. On the Outhorship of the First Recorded "Sonderkommando-Manuscript" and the Discovery of the Original Letter », art. cit.
6. SHD-DAVCC 22 P 3066 e 21 P 426 930.
7. A carta e os documentos relativos a Sylvain Bloch foram confiados ao Memorial da Shoá por sua filha Janine Laichter. Eles estão conservados sob o código CMLXXXVI (8)-7.
8. USC Shoah Foundation-Visual History Archive, depoimento registrado em 17 de junho de 1997.
9. A respeito de Clefs, ver o estudo de Franck Marché, *Clefs. D'un paradis à l'enfer d'Auschwitz. Le chantier forestier 1607, 1942-1943*, imp. por Bull-Duplicopy, 2008.
10. Os documentos relativos a Charles-Salomon Ferleger foram confiados ao Memorial da Shoá em 1993. Eles estão conservados sob o código CMLXXXVI (9)-12.
11. Pierre Bertaux, *Mémoires interrompus*, Paris, Presses Sorbonne Nouvelle, 2018.

NOTAS

12. Arquivos do Memorial da Shoá CCXXI-19, fundo FSJF, situação em 15 de julho de 1943, citado por Serge Klarsfeld, *Le Calendrier de la persécution des juifs de France. 1940-1944*, Paris, Les Fils et filles des déportés juifs de France, 1993.
13. Ver as cartas de Thomas Fogel e Henry Krasucki em Paulette Sarcey e Karen Taieb, *Paula. Survivre obstinément*, Paris, Tallandier, 2005.
14. As cartas e os documentos de Isaak Goldsztain foram confiados ao Memorial da Shoá por sua filha Annie Goldsztajn em junho de 2009. Eles estão conservados sob o código CMLXXV (48)-3.
15. Arolsen Archives, Archivnummer 3648.
16. As cartas e os documentos foram confiados ao Memorial da Shoá em abril de 2010 pela irmã de Georges, Fanny Jablonka (Joffé). Eles estão conservados sob o código CMLXXXVI (30)-4.
17. Ver Bernard Reviriego, *Les Juifs en Dordogne 1939-1944. De l'accueil à la persécution*, Périgueux, Archives départementales de la Dordogne-Fanlac, 2003.
18. A respeito do trem dos 45 mil e Lucien Bloch, ver Claudine Cardon-Hamet, *Les « 45 000 ». Mille otages pour Auschwitz. Le convoi du 6 juillet 1942*, Paris, Graphein, 1997. Disponível em: politique-auschwitz.blogspot.com.
19. Referência do dossiê: SHD-DAVCC 21 P 426 835.
20. As cartas e os documentos relativos a Lucien Bloch foram descobertos pelo sr. e pela sra. Scherrer em um sótão no *boulevard* de la Marne, nº 1, em Strasbourg, em junho de 2008. Eles os entregaram ao Memorial da Shoá em 2014. As cartas e os documentos estão conservados sob o código CMLXXXVI (48)-24.
21. Madeleine Dechavassine, "Après Auschwitz", *Bulletin périodique de l'Amicale des anciens déportés d'Auschwitz*, mai-jun 1947, nº 15, p. 3-4.
22. As cartas e os documentos relativos a Berthe Falk estão conservados no fundo Falk-Waligora sob o código MDCCIII. Eles foram confiados ao Memorial da Shoá pelos filhos de Suzanne e Joseph Falk em dezembro de 2018.
23. As cartas escritas por Marcel Aptekier foram confiadas ao Memorial da Shoá por Albert Aptekier e Laurence Fisbein-Aptekier, respectivamente em 2010 e 2018, e estão conservadas sob o código CMLXXV (52)-19.
24. Acervo do "Boletim da União Geral dos Israelitas da França – Informações Judias Zona Ocupada", Arquivos do Memorial da Shoá, XLVII-27.

25. André Balbin, *De Lodz à Auschwitz. En passant par la Lorraine*, Nancy, Presses universitaires de Nancy, 1989.
26. As cartas e os documentos relativos a André Balbin foram confiados ao Memorial da Shoá por Liliane Balbin em junho de 2014. Eles foram conservados sob o código CMLXXV (70)-10.

SEGUNDA PARTE
CARTAS CLANDESTINAS

1. Annette Wieviorka, Michel Laffitte, *À l'intérieur du camp de Drancy*, Paris, Perrin, 2012.
2. Responsável pelo Serviço dos Assuntos Judeus da Gestapo na França de julho de 1942 a agosto de 1944.
3. Documento XLIX-53.
4. Charles Degheil nasceu em 21 de janeiro de 1920 em Moudavezan (Alto Garona). Convocado pelo STO na Alemanha, foi designado em 29 de maio de 1943 ao *Lager II Buchenwald West Block 5.2.3.* em Auschwitz. Retornou à França em 25 de junho de 1945. Arquivos SHD-DAVCC.
5. As cartas de Sally Salomon foram confiadas ao Memorial da Shoá por sua filha, Liliane Cohen-Solal, em fevereiro de 2011. Elas estão conservadas sob o código CMLXXXVI (33)-7.
6. A respeito da fuga do trem nº 62, arquivos do Memorial da Shoá, XXVc-249 e XXVI-78.
7. Ver o depoimento de Paul Cerf, junho de 1945, SRCGE, Arquivos nacionais, F9 5565, publicado em Alexandre Doulut, Serge Klarsfeld, Sandrine Labeau, *1945. Les rescapés juifs d'Auschwitz témoignent*, Marmande, Les Fils et filles des déportés juifs de France/Apres l'oubli, 2015.
8. René Baconnier nasceu em 6 de fevereiro de 1921, seu número de identificação era o 171.380; designado para o K. L. Auschwitz, BIIf, Bl. 14, era um *Schutzhaftling*, literalmente, "detento de proteção".
9. Os documentos sobre Paul Cerf foram confiados ao Memorial da Shoá em 2020 por Éliane, Isabelle e Daniel Cerf, durante as pesquisas feitas para a presente obra. Os documentos estão em vias de ser classificados.

10. A respeito de Kosel e ZAL (*Zwangsarbeitslager für Juden*, campo de trabalho de judeus) de Blechhammer, ver Guillaume Ribot e Tal Bruttmann, *Camps en France. Histoire d'une déportation*, De l'effacement des traces, 2008; e Charles Baron, « Du ZAL au KL Blechhammer », *Le Monde juif*, nº 120, out.-dez. 1985.
11. No total, são 23 cartas escritas a lápis indelével, cujo traço se apagou bastante com o passar dos anos, que as filhas de Léon, Sylvie Chautemps e Béatrice Louat de Bort, paciente e meticulosamente transcreveram no ano de 2000. Elas confiaram os documentos e as fotografias ao Memorial da Shoá em janeiro de 2011. Eles estão conservados sob o código CMLXXXV (33)-3.
12. Sede da Polícia dos Assuntos Judeus (*Police aux Questions Juives* – PQJ), situada na rua Greffulhe, nº 8, no 8º distrito. Trata-se provavelmente do comissário Jean Bouquin, vindo da Segurança Nacional, designado para a PQJ de março a outubro de 1942. Z6/NL dossiê 19 739. Dossiê do procedimento estabelecido pela Corte de Justiça do departamento de Seine contra Jean Bouquin, nascido em 1º de julho de 1911 em Beaune (Côte-d'Or), comissário da Polícia dos Assuntos Judeus, culpado por conluio com o inimigo. Caso classificado em 28 de dezembro de 1949.
13. As cartas e os documentos relativos a Simon Cohen foram confiados ao Memorial da Shoá por sua viúva, Sarah Cohen, em maio de 2010. Eles estão conservados sob o código CMLXXXVI (31)-11.
14. A respeito da atividade clandestina de Jacques Feuerstein, ver Alice Ferrières e Patrick Cabanel, *Chère Mademoiselle... Alice Ferrières et les enfants de Murat, 1941-1944*, Paris, Calmann-Lévy, 2010; e o fundo Alice Ferrières, Arquivos do Memorial da Shoá, MDXXXIII.
15. SHD-DAVCC: 22 P.
16. Os documentos estão conservados nos arquivos do Yad Vashem sob o código 0.8963.
17. A respeito de Robert Francès, arquivos do Memorial da Shoá CMLXXV (38)--11a, doação de Georges Lamy. Ler também: Robert Francès, *Un déporté brise son silence*, Paris, L'Harmattan, 1997.
18. As cartas e os documentos relativos a Jacques Feuerstein foram entregues ao Memorial da Shoá por Colette Feuerstein em dezembro de 2013. Eles estão conservados sob o código CMLXXV (88)-4.

TERCEIRA PARTE
A LIBERAÇÃO

1. As cartas de André Berkover foram confiadas ao Memorial da Shoá por ele mesmo em julho de 2000. Elas estão conservadas sob o código CMLXXXVI (1)-4.
2. Disponível em: lesdeportesdesarthe.wordpress.com/minces-mirla-neerajchsglidt. As cartas de Mireille Minces foram confiadas ao Memorial da Shoá em maio de 2006 pela sra. Delboven. Elas estão conservadas sob o código CMLXXXVI (15)-7.
3. As cartas de Jean Gotfryd foram confiadas ao Memorial da Shoá em outubro de 2013 por Rachel Gotfryd. Elas estão conservadas sob o código CMLXXXVI (48)-17.
4. As cartas de Simone Haas foram confiadas ao Memorial da Shoá em março de 2019 por Catherine Haas. Elas estão conservadas sob o código CMLXXXVI (67)-6.
5. As cartas de Yvonne Lévy foram confiadas ao Memorial da Shoá em dezembro de 2004 por Bertrand Lévy. Elas estão conservadas sob o código CMLXXXVI (23)-24.
6. As cartas de Jeanne Geismar foram confiadas ao Memorial da Shoá em novembro de 2017 por Nicole Bonaventure. Elas estão conservadas sob o código CMLXXXVI (66)-7.
7. A carta de Hirsch Abel foi confiada ao Memorial da Shoá em março de 2013 por Patrick Abel. Ela está conservada sob o código CMLXXV (147)-15. Foi apenas em 2007 que essa carta foi entregue a Patrick Abel, neto de Hirsch, pelo neto dos Truchet, que a tinham guardado. Ver Patrick Abel, *En quête du nom. Sur les pas de mon grand-père Hirsch Wolf Abel*, autoédition, 2019.
8. As cartas de Jacques Ruff foram confiadas ao Memorial da Shoá em setembro de 2009 por Robert Sawalski. Elas estão conservadas sob o código CMLXXXVI (24)-17.

ANEXO

Número de cartas enviadas por campo no âmbito da *Brief-Aktion*

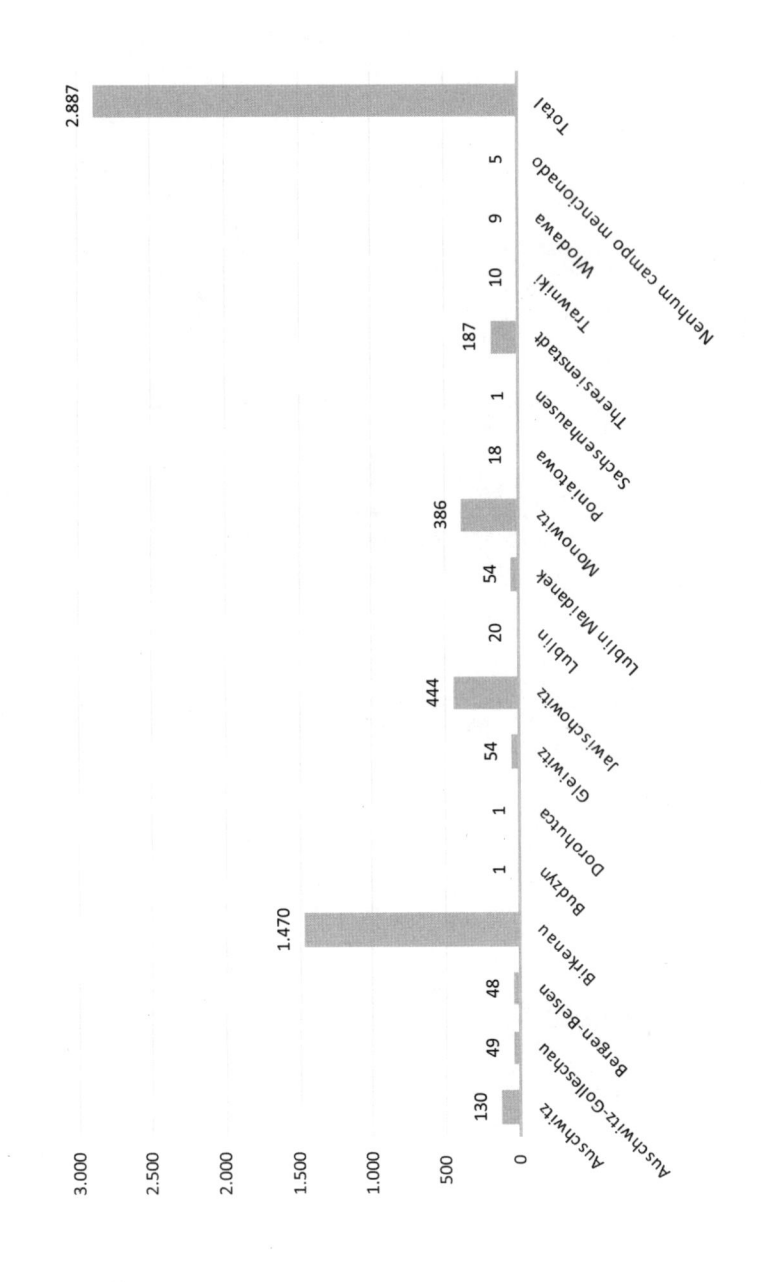

Campo	Número de cartas
Auschwitz	130
Auschwitz-Golleschau	49
Bergen-Belsen	48
Birkenau	1.470
Budzyn	1
Dorohutca	1
Gleiwitz	54
Jawischowitz	444
Lublin	20
Lublin Maidanek	54
Monowitz	386
Poniatowa	18
Sachsenhausen	1
Theresienstadt	187
Trawniki	10
Wlodawa	9
Nenhum campo mencionado	5
Total	2.887

BIBLIOGRAFIA E FONTES

LIVROS

ABEL Patrick, *En quête du nom. Sur les pas de mon grand-père Hirsch Wolf-Abel*, Paris, autoédition, 2019.

BALBIN André, *De Lods à Auschwitz. En passant par la Lorraine*, Nancy, Presses universitaires de Nancy, 1989.

BRUTTMANN Tal, *Auschwitz*, Paris, La Découverte, 2015.

COLLECTIF, *Auschwitz 1940-1945*, 5 tomes, Paris, PMAB, 2011 (para a versão francesa).

CYWINSKI Piotr M.A., LACHENDRO Jacek, SETKIEWICZ Piotr, *Auschwitz de A à Z. Une histoire illustrée du camp*, Paris, PMAB, 2019.

DOULUT Alexandre, KLARSFELD Serge, LABEAU Sandrine, *1945. Les rescapés juifs d'Auschwitz témoignent*, Paris/Marmande, Les Fils et filles des déportés juifs de France/Apres l'oubli, 2015.

GORDON Justin R., *Post Card from Auschwitz*, The Israël Philatelist, février 2006.

JOLY Laurent, *L'Antisémitisme de bureau*, Paris, Grasset, 2011.

_____, *L'État contre les juifs. Vichy, les nazis et la persécution antisémite*, Paris, Grasset, 2018; "Champs histoire", 2020.

KILLIAN Andreas, "Farewell Letter from the Crematorium. On the Outhorship of the First Recorded 'Sonderkommando-Manuscript' and the Discovery of the Original Letter", dans Nicholas Chare et Dominic Williams, *Testimonies of*

Resistance. Representations of the Auschwitz- Birkenau Sonderkommando, New York, Berghahn books, 2019.

KLARSFELD Serge, *Le Calendrier de la persécution des juifs de France, 1940-1944*, Paris, Les Fils et filles des déportés juifs de France, 1993.

_____, *Vichy-Auschwitz. La Shoah en France*, Paris, Fayard, 2001.

LAFFITTE Michel, *Un engrenage fatal. L'UGIF face aux réalités de la Shoah, 1941-1944*, Paris, Liana Lévi, 2003.

_____, *Juifs dans la France allemande. Institutions, dirigeants et communautés au temps de la Shoah*, Paris, Tallandier, 2006.

LAJOURNADE Julien, *Le Courrier dans les camps de concentration. Système et rôle politique, 1933-1945*, Paris, L'Image document, 1989.

LAKS Simon, *Mélodies d'Auschwitz et autres écrits sur les camps*, Paris, Cerf, 2018.

LANGEOIS Christian, *Mineurs de charbon à Auschwitz. Jawischowitz 15 août 1942-18 janvier 1945*, Paris, Cherche Midi, 2014.

LORDAHL Erik, *German Concentration Camp, 1933-1945. History, Related Philatelic Material and System of Registration of Inmate Mail*, Tårnåsen, War and Philabooks, 2000.

LORDAHL Erik, Schawb Henry, « Concentration Camp Auschwitz Inmate Mail… », *German Postal Specialist*, 1 (5), juin 1999.

MARCHE Franck, *Clefs. D'un paradis à l'enfer d'Auschwitz. Le chantier forestier 1607, 1942-1943*, imp. par Bull-Duplicopy, 2008.

MARK Ber, *Des voix dans la nuit. La résistance juive à Auschwitz- Birkenau*, Paris, Plon, 1982.

OPPENHEIMER Jean, *Journal de route. 14 mars-9 mai 1945*, Paris, Le Manuscrit, 2006.

POZNANSKI Renée, PESCHANSKI Denis, POUVREAU Benoît, *Drancy. Un camp en France*, Paris, Fayard, 2015. 260 361770TCK_AUSCH_cc2019_pc.indd 260 04/03/2021 16:55:09

RAJSFUS Maurice, *Des juifs dans la collaboration. L'UGIF 1941-1944*, Paris, EDI, 1980.

SARCEY Paulette (avec Karen Taieb), *Paula. Survivre obstinément*, Paris, Tallandier, 2015.

SCHATZMAN Benjamin, *Journal d'un interné. Compiègne, Drancy, Pithiviers, 12 décembre 1941-23 septembre 1942*, Paris, Fayard, 2006.

SMOLEŃ Kazimierz, *Wsrod koszmarnej zbrodni. Notatki wiezniow Sonderkommando* [Au milieu d'un crime cauchemardesque. Notes de prisonniers des Sonderkommando], 2e ed. révisée, Oświęcim, Wydawnictwo Panstwowego Muzeum w Oswiecimiu, 1975.

TAIEB Karen, *Je vous écris du Vel' d'Hiv. Les lettres retrouvées*, Paris, Robert Laffont, 2011.

VEINSTEIN Léa, *La Voix des témoins. Histoire du témoignage de la Shoah*, Paris, Fondation Mémorial de la Shoah, 2020.

WEHRBACH François, *André Berkover, matricule A16572. Auschwitz III-Monowitz*, Champhol, Colombier, 2008.

WELLERS Georges, *Un juif sous Vichy*, Paris, Tirésias, 1991.

WIEVIORKA Annette, *Déportation et génocide. Entre la mémoire et l'oubli*, Paris, Plon, 1992 ; « Pluriel », 1995.

WIEVIORKA Annette, LAFITTE Michel, *À l'intérieur du camp de Drancy*, Paris, Perrin, 2012.

TRABALHO ACADÊMICO

LAFFITTE Michel, *L'Union générale des Israélites des France, 1941-1944 : les organisations juives d'assistance et leurs limites légales au temps de la Shoah*, these de doctorat d'histoire, École des hautes études en sciences sociales (EHESS), 2002.

ARQUIVOS

Arquivos do Memorial da Shoá, rua Geoffroy, 17, 75004 Paris: www.memorialdelashoah.org.

Arquivos nacionais, arquivos dos campos de Drancy, Pithiviers e Beaune-la-Rolande, arquivos de fiscalização da Delegacia F9, consultáveis em formato digital no Memorial da Shoá.

Arquivos do Museu de Estado de Auschwitz-Birkenau, depoimento de A. Zoarski, 11 de março de 1971, APMA-B, Statements Collection, ed.70 212-13.

Arquivos do Serviço Histórico da Defesa, DFA, DAVCC, Caen, AC 21P, 27 P.

RECURSOS *ON-LINE*

Centro de documentação do Memorial da Shoá: ressources.memorialdelashoah.org.
Museu de Auschwitz: auschwitz.org/en/.
Arolsen Archives: arolsen-archives.org/fr.
Arquivos Nacionais: www.siv.archives-nationales.culture.gouv.fr.
Yad Vashem: www.yadvashem.org/fr/archives.html.
Sobre Andrzej Zaorski: alnet.babant.pl/?dr-n-med-andrzejzaorski.16.

CRÉDITOS

Página 27: © Mémorial de la Shoah/coll. Muntlak.
Página 36: © Mémorial de la Shoah/coll. Laichter.
Página 39: © Mémorial de la Shoah/coll. Laichter.
Página 42: © SHD-DAVCC 22 P 3067.
Página 49: © Mémorial de la Shoah/coll. Goldsztajn.
Página 52: © Mémorial de la Shoah/coll. Goldsztajn.
Página 61: © Mémorial de la Shoah/coll. Jablonka; © Mémorial de la Shoah/coll. SHD-DAVCC 22 P 3070.
Página 68: © Mémorial de la Shoah/coll. Scherrer.
Página 75: © Mémorial de la Shoah/coll. Falk.
Página 82: © Mémorial de la Shoah/coll. Aptekier.
Página 88: © Mémorial de la Shoah/coll. Balbin.
Página 93: © SHD-DAVCC 22 P 3065.
Página 99: © Mémorial de la Shoah/coll. Goldstein-Chautemps-Louat de Bort.
Página 100: © Mémorial de la Shoah/coll. Cohen-Solal.
Página 115: © Mémorial de la Shoah/coll. Cerf.
Página 125: © Mémorial de la Shoah/coll. Goldstein-Chautemps-Louat de Bort.
Página 139: © Mémorial de la Shoah/coll. Cohen.
Página 147: © Mémorial de la Shoah/coll. Feuerstein.
Página 158: © Mémorial de la Shoah/coll. Berkover.
Página 165: © Archives départementales de la Sarthe.

Página 169: © Mémorial de la Shoah/coll. Delboven.
Página 170: © Mémorial de la Shoah/coll. Gotfryd.
Página 177: © Mémorial de la Shoah/coll. Haas.
Página 181: © Mémorial de la Shoah/coll. Lévy.
Página 186: © Mémorial de la Shoah/coll. Bonaventure.
Página 190: © Mémorial de la Shoah/coll. Bonaventure.
Página 191: © Mémorial de la Shoah/coll. Hirsch.
Página 194: © Mémorial de la Shoah/coll. Sawalski.
Página 204: © Archives du musée d'Auschwitz (PMO).

AGRADECIMENTOS

Esta obra não teria sido possível sem a ajuda e o apoio de inúmeras pessoas, principalmente os doadores que nos confiaram seus documentos. Agradecemos imensamente a todos, assim como às suas famílias, que reafirmaram sua confiança em nós para esta publicação.

Patrick Abel, Albert Aptekier, Daniel Aptekier-Gielibter, Laurence Fisbein Aptekier, Nicole Aptekier-Fitoussi, Liliane Balbin, André Berkover (†), Nicole Bonaventure, Daniel Cerf, Éliane Cerf-Baron, Isabelle Cerf, Liliane Cohen-Solal, Eve Level-Cohen, Sarah Cohen, Stéphane Mortier-Falk, Salomon Ferleger (†), Colette Feuerstein, Sylvie Goldstein-Chautemps, Annie Goldsztajn, Rachel Gotfryd, Catherine Haas, Fanny Jablonka, Janine Laichter, Bertrand Lévy, Sonia Lévy, Béatrice de Louat de Bort, Béatrice Muntlak, Laurent Muntlak, Simone Muntlak (†), Jean-Pierre Randon, Catherine Rozenberg, Georges Salomon, Robert Sawalski, François Scherrer.

Nada teria sido possível sem os talentos de persuasão de minha editora, Dominique Missika.

Agradeço também a toda a equipe da editora Tallandier.

Minha gratidão a Ivan Jablonka, que me deu a honra de aceitar escrever o prefácio deste livro quando ele ainda não passava de um rascunho.

Nos arquivos do SHD, Pierre Laugeay, Bertrand Fonck, Alain Alexandra, Dominique Hiéblot (†) e, no Museu de Auschwitz, Krzysztof Antonczyk.

Tive a sorte de poder contar com meus amigos historiadores, especialmente Tal Bruttmann e Laurent Joly, que prontamente responderam às minhas incontáveis perguntas, tanto de dia quanto à noite, nos fins de semana e nos feriados. Agradeço duplamente a Tal por sua revisão atenta e seus preciosos conselhos. Agradeço a Andreas Killian, que conheci graças à história de Hersz Strasfogel. Por fim, agradeço a Alexandre Doulut, Sandrine Labeau e Thomas Fontaine por nossas trocas sempre preciosas.

Faço uma menção especial a Dorothée Boichard e a Alix Noël, que ajudaram a decifrar e transcrever as cartas manuscritas e me fizeram ganhar um precioso tempo. Agradeço a David Alliot por seu trabalho de formatação do manuscrito.

Tive a sorte de estar cercada por uma equipe formidável no Memorial da Shoá. Este livro deve muito a estas pessoas: Aurore Blaise, Dorothée Boichard, Sébastien Boulard, Anne Huaulmé, Valérie Kleinknecht, Marie Lainez, Cécile Lauvergeon, sem deixar de lado meus colegas Lior Lalieu-Smadja, Olivier Lalieu, Sophie Nagiscarde e Ariel Sion.

Finalmente, obrigada a Jacques Fredj, diretor do Memorial, pela confiança que deposita em mim há vinte e oito anos.

**Acreditamos
nos livros**

Este livro foi composto em Adobe Garamond Pro
e Brandon Text e impresso pela Geográfica para a
Editora Planeta do Brasil em março de 2022.